Électricité Plomberie Électroménager

Les petites réparations dans la maison

Best Of
ARTISANS

Sommaire

L'électricité 67

L'électoménager 95

Introduction

Une fuite d'eau vous panique, un lavabo bouché vous stresse, un fusible saute et vous ne savez comment faire ? Vous vivez seul, vous venez d'emménager ou vous n'avez que peu de temps à consacrer aux travaux dans votre maison ? Pas de doute, cet ouvrage conçu par des professionnels pour des non-spécialistes est fait pour vous ! Des pictogrammes et des encadrés vous donnent directement accès à la bonne information et son ton humoristique dédramatise les petits ennuis du quotidien. Pratique et ludique, ce guide deviendra vite votre meilleur assistant.

Nous nous appuyons sur l'expertise de Best Of Artisans – premier site français d'enchères inversées qui met en relation les artisans et les particuliers – pour vous faire bénéficier des compétences de ses nombreux professionnels. Grâce à leurs précieux conseils, vous pourrez réaliser, en toute sécurité, les réparations courantes ou les petits travaux d'entretien indispensables dans la maison : plomberie, électricité, électroménager.

Outils nécessaires, déroulé des opérations étape par étape, difficulté, durée et budget : rien n'est oublié. Du changement d'un sac aspirateur à la réparation d'un interrupteur en passant par celle d'une chasse d'eau, prenez tout en charge et économisez du temps et de l'argent grâce aux astuces de Best Of Artisans !

La boîte à outils idéale

Voici venu le temps de vous constituer un nécessaire à outils ! Mais voilà : les immenses rayons de votre Bricomachin vous laissent quelque peu perplexe. Et il y a de quoi, vue l'étendue de l'offre en magasin.

Avant tout, faites l'état des lieux de ce que vous possédez déjà.

Il y a des outils qu'on ne peut pas éviter : nous vous les présentons ci-dessous. Toutefois, selon vos besoins spécifiques, et vos fulgurants progrès, vous serez peut-être amenée à vous en procurer de nouveaux. Petit tour d'horizon de tout ce qu'il faut avoir chez soi pour débuter le bricolage en toute sérénité.

La plomberie

Les petites réparations de plomberie peuvent s'effectuer avec un outillage de base, qui sera à compléter par des outils de plombier spécifiques.

Pince universelle : cette pince comporte des mâchoires plates, incurvées au centre et crantées aux extrémités. Elle sert à couper, maintenir ou serrer.

Pince multiprise : variante de la pince précédente, elle a des mâchoires variables, pour s'adapter au volume des éléments

Clé à mollette : outil polyvalent, elle doit être la plus plate possible pour permettre d'atteindre des petits recoins. Ses mâchoires se règlent grâce à une petite vis… la mollette !

Clé anglaise : variante de la clé à molette en un peu plus sophistiquée, elle permet de maintenir ou de visser et dévisser fermement tous types de tubes.

Clés plates (ou clés à fourche) : elles viennent compléter la clé à mollette. Investissez dans un jeu comportant différentes tailles, pour vous adapter à tous types de boulons et d'écrous. À pans carrés, elles permettent de s'adapter à ceux du boulon sans l'endommager.

Clé à pipe : il s'agit d'une clé « femelle » autorisant un travail en force grâce à son manche, qui peut faire office de bras de levier. Une clé à pipe « débouchée » permet, en plus, de travailler dans des endroits difficiles d'accès.

Ventouse : composée d'un manche de bois et d'un élément en caoutchouc, elle est l'outil de base pour déboucher tout ce qui se bouche : toilettes, évier, lavabo, baignoire, bac de douche, etc.

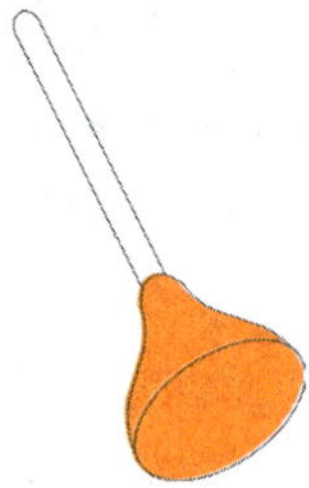

Furet : il s'agit là d'un outil de spécialiste, mais qu'on peut tout à fait avoir à la maison. À utiliser si la ventouse ne fonctionne pas. Appareil rotatif, il introduit un câble dans le conduit pour détruire les bouchons.

Scie à métaux : si vraiment vous insistez, vous pouvez investir dans une scie à métaux. Elle vous permettra de couper différents matériaux (cuivre, acier, PVC). Son côté pratique vous plaira : ses lames sont interchangeables et rangées dans le manche de la scie !

L'électricité / L'électroménager

Pour intervenir sur une installation électrique, utilisez toujours des outils équipés de manches isolés (généralement en plastique). Même si vous avez coupé le courant avant de travailler (ce qui est OBLIGATOIRE), des petits courants résiduels peuvent se trouver encore dans les fils et suffiront à provoquer une électrisation si vous mettez du métal en contact. Prudence, donc.

Pince coupante : elle sert à couper les petites pièces métalliques, comme les fils de cuivre conducteur. Préférez un modèle de 125 ou 150 mm, qui vous permettra de vous adapter à toutes les sections de fils.

Pince à long bec : elle permet d'atteindre des petites pièces situées dans des endroits difficiles d'accès avec une pince classique.

Pince à dénuder : en sectionnant la partie isolante du fil conducteur, elle dégage le fil de cuivre (elle le dénude, donc !) pour pouvoir ensuite le torsader. À cosse ou automatique, son intérieur est pourvu d'encoches correspondant à différents diamètres de fils électriques. Encore plus pratique !

Cutter : un petit cutter dont vos enfants se servent à l'école pour découper du carton, par exemple, fera très bien l'affaire. Il vous permettra de faire des entailles sur les gaines isolantes des fils conducteurs. Et il aura l'avantage de comporter une petite lame et un manche en plastique pour une meilleure prise en main (et pour l'isolation, vous l'aurez compris).

Lampe torche : eh oui, si vous coupez le courant et ne travaillez pas en plein jour, vous aurez quelque difficulté à y voir clair ! Choisissez un modèle avec un boîtier en caoutchouc. On n'est jamais trop prudent quand il faut s'isoler du courant électrique.

Scie à main : la scie classique, celle qu'on associe au bûcheron. Elle permet de couper tous les bois, ainsi que des matériaux comme le plâtre. Elle est aussi appelée « scie égoïne ». Lors de l'achat, veillez à ce que la poignée soit bien adaptée à votre main. En l'essayant dans le magasin, vous ferez sensation !

Tournevis d'électricien : comme son nom l'indique, c'est un tournevis utilisé par un les électriciens ! Autrement dit, là, c'est la lame qui est isolée par une gaine de plastique (en plus du manche). Seule la pointe reste libre, pour intervenir sur tout dispositif électrique, en toute sécurité.

Testeur universel : équipé de deux petites pointes isolées à raccorder au circuit, cet appareil permet de contrôler la présence, et surtout l'absence, de courant électrique dans une installation, ou une section d'installation. Il indique également la valeur des résistances.

Tournevis testeur de phase : plus facile à utiliser que son cousin testeur universel, il comporte un manche isolant contenant une petite ampoule et une résistance. Quand la pointe du tournevis entre en contact avec un câble ou une pièce métallique sous tension, l'ampoule s'allume. À condition que le doigt se trouve à l'extrémité du manche…

Perceuse : on n'imagine pas tout ce qu'on peut faire avec une perceuse, à part percer des trous. Elle peut aussi couper, décaper, visser, poncer, lustrer… À condition d'avoir le bon accessoire et la bonne mèche. Pour cela, demandez conseil à un vendeur, c'est plus sûr.

Fer à souder : même si la première image qui vous vient à l'esprit quand vous entendez « fer à souder », c'est un bonhomme en costume de Terminator assailli par le faisceau incandescent d'un chalumeau (dites donc, vous avez une sacrée imagination, vous !), ne paniquez pas. Ce n'est pas de cela dont on parle, mais juste d'un petit appareil électrique qui produit de la chaleur pour faire fondre du fil d'étain. Rassemblez vos souvenirs de collégienne : en cours de technologie, vous avez forcément déjà utilisé un fer à souder. C'est très pratique pour assembler deux sections de fil, par exemple.

Tournevis : il existe pratiquement autant de tournevis que de types de vis ! Vous aurez besoin de plusieurs modèles de tournevis plats, afin de vous adapter au plus grand nombre de vis possibles. Car si vous serrez une vis avec un tournevis plat trop grand, vous risquez d'endommager son encoche. Et alors là, pour la dévisser, vous devrez vous accrocher ! Prenez aussi plusieurs modèles de tournevis cruciformes, car les objets ménagers et autres éléments de décoration comportent souvent des vis à tête croisée spécifiques.

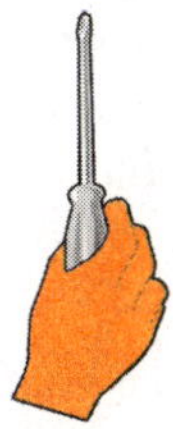

Mètre ruban : indispensable pour mesurer ! Préférez-le rigide (d'une longueur minimale de deux mètres) et réservez le souple à la mesure de vos mensurations (wouah ! un centimètre de cuisse en moins… pas mal !)

Marteau : investissez dans deux modèles : un fin, pour les petites pointes, et un autre plus robuste.

Niveau à bulle : votre grand-père se servait d'un fil à plomb… Avec un niveau, vous pourrez contrôler la verticalité ET l'horizontalité. Incontournable pour fixer une tringle à rideaux bien droit.

Accessoires

Finalement, c'est peut-être ça le plus difficile : avoir les bons boulons pour le bon écrou, la bonne cheville pour le bon trou, la bonne colle pour la bonne surface… D'où l'intérêt d'avoir un petit peu de tout, au moins pour les réparations d'urgence.

Vis : face à la jungle de modèles de vis que l'on peut trouver aujourd'hui sur le marché, mieux vaut se concentrer sur les plus efficaces, et les plus universelles. Les plus pratiques sont les vis cruciformes bois agglo (VBA). Les vis à tête croisée sont en effet les plus largement utilisées de nos jours. Gardez tout de même quelques vis à tête fendue, on ne sait jamais, dans les vieux appareils…

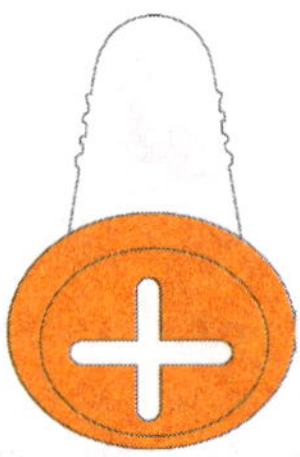

Chevilles : elles permettent aux vis de se maintenir immobiles dans la paroi où l'on souhaite fixer un élément. Mais elles peuvent être à expansion, à vis, à crochet… Dans le monde des chevilles, pas facile non plus de s'y retrouver. Tout dépend évidemment de l'utilisation que l'on veut en faire : que doit-on fixer, et dans quel type de matériau ? Si vos murs sont en plâtre, des chevilles à expansion en plastique feront l'affaire. En revanche, sur du ciment ou de la brique pleine, il faudra opter pour des chevilles à expansion en métal. Elles sont très résistantes, et peuvent soutenir un poids important.

Clous : là encore, vous aurez le choix entre toute une panoplie de têtes : plates, rondes ou même sans tête ! L'idéal est d'avoir un petit jeu de chaque catégorie, en essayant de repérer chez vous le type de clous le plus utilisé. Au cas où vos murs résisteraient à une perforation classique, prévoyez d'acheter des clous spécial béton. Ils sont bien plus longs et plus résistants que les clous classiques.

Joints (ou rondelles d'étanchéité) : ayez toujours dans votre boîte à outils plusieurs sortes de joints en caoutchouc adaptés à vos installations sanitaires. Ce sera autant de litres d'eau en moins sur la facture.

Ruban adhésif : un rouleau classique vous servira toujours ! Mais pour effectuer de petites réparations, optez pour du « scotch d'électricien » : il est résistant à l'humidité, à l'usure, et il ne se déchire pas. Il peut très bien remplacer le fil de fer pour maintenir des petites pièces.

Ruban isolant : généralement de Téflon (marque déposée pour désigner la matière plastique résistant à la corrosion), le ruban isolant est aussi utile pour les travaux de plomberie que d'électricité.

Papier abrasif, papier de verre ou toile émeri : vous risquez de vous en servir plus souvent que vous ne l'auriez imaginé ! Il sert à poncer, en douceur, aussi bien le bois que le métal ou le plâtre. Il donne un fini lisse à toutes sortes de surfaces.

Fusibles : si votre installation est ancienne, sans disjoncteur divisionnaire et différentiel, il faudra bien remplacer les plombs quand ils sauteront ! Gardez-en de côté pour éviter d'y voir tout noir !

Colles : il existe des colles pour chaque matière. Si vous ne souhaitez pas vous lancer dans la revente de tubes de colle, choisissez-en une universelle : elle collera tout !

Produits diluants : alcool à brûler, essence de térébenthine ou encore white-spirit vous rendront bien des services, et pas seulement pour les travaux de peinture !

Produits dégrippants : huiles, lubrifiants et graisses diverses seront utiles pour toutes les petites réparations dès lors qu'elles concernent la mécanique (au sens large du terme, bien sûr. On ne vous parle pas de réparer le moteur de la voiture !).

Le truc de Best Of ARTISANS

Même en suivant à la lettre toutes les précautions d'usage et en se protégeant avec un équipement adapté, il peut arriver de vous faire une petite égratignure. Complétez votre boîte à outils avec une trousse à pharmacie. Elle devra comprendre, au minimum :

– du coton hydrophile

– un antiseptique, de préférence non alcoolisé, comme par exemple l'eau oxygénée dont votre maman se servait pour décolorer ses mèches... Toutefois, en cas d'urgence, un flacon d'alcool à 70° peut faire l'affaire

– des compresses stériles

– des pansements antiseptiques

– des pansements hémostatiques (en cas de coupure)

– une bande de gaz (deux tailles différentes au moins) et un rouleau de sparadrap

– du sérum physiologique (en cas de projections dans les yeux)

– une pince à épiler pour retirer d'éventuelles échardes

– de la pommade anti-brûlure

– de la pommade à base d'arnica

DANGER !

Avant de commencer, n'oubliez pas de retirer tous vos bijoux et montres. Ils peuvent en effet s'accrocher à un outil en pleine utilisation et causer de sérieux dégâts. Ne prenez donc pas de risque inutile. Par ailleurs, même si ça ne vous dit rien de ressembler à un cosmonaute, il ne faut pas rigoler avec votre sécurité. Une paire de gants et des lunettes de protection sont l'équipement minimal pour bricoler sans se blesser. Pour les manipulations de produits chimiques, mettez des gants en latex. Pour les travaux concernant le bois, l'extérieur et le bâti d'une façon générale, optez pour des gants plus épais, en cuir par exemple.

Le truc de Best Of ARTISANS

Et la boîte à outils, dans tout ça ? Enfin, le contenant, quoi. Que vous la choisissiez en plastique ou en métal, ne prévoyez pas trop grand, pour ne pas passer des heures à chercher les petits accessoires, mais suffisamment tout de même, pour y faire rentrer marteaux et autres scies. Les systèmes avec de petits casiers sont très pratiques pour repérer tout de suite ce dont on a besoin. À condition de ne pas laisser le bazar envahir la boîte ! Rangez-la avec soin, cela vous évitera une perte de temps inutile.

1

La plomberie

La plomberie est partout dans nos maisons, puisqu'elle concerne tout ce qui touche à l'eau, de son arrivée dans les canalisations à son évacuation dans les égouts, en passant par tous les appareils qu'elle alimente.

Vous avez peur de provoquer une fuite avec une mauvaise manipulation ? Rassurez-vous, les petites interventions de plomberie pour régler les problèmes de la vie courante sont accessibles à tous. D'autant que les produits vendus aujourd'hui dans les magasins spécialisés sont spécifiquement conçus pour limiter les opérations demandant un vrai savoir-faire. Et ainsi vous faciliter la vie !

Quant aux fuites importantes, sachez qu'elles apparaissent rarement de façon subite. Apprenez à en observer les signes avant-coureurs, tels que suintements ou vilaines taches d'humidité. Vous trouverez sans doute cela peu esthétique, mais il vaut mieux laisser les raccords sur les canalisations apparents : cela vous permettra de déceler ces signes plus facilement.

Quoi qu'il en soit, avant d'intervenir, pensez toujours à couper l'eau. Soit dans la zone où vous travaillez, à l'aide du robinet d'arrêt local, soit au compteur général. Pensez également à débrancher et mettre hors de portée, si possible, tous les appareils électriques qui se trouvent à proximité de cette zone.

Réparer un robinet qui goutte

Ploc, plic, ploc, plic… C'est énervant, ce robinet qui goutte. Très énervant, même. D'autant qu'un robinet qui goutte, ça coûte ! Alors n'attendez plus. La fuite provient la plupart du temps du clapet (ou joint d'étanchéité) de la tête du robinet, situé au-dessus du corps du robinet et sous la poignée de commande. Avec le temps, et les nombreuses manipulations, cet élément finit par s'user. Cette réparation ne demande que quelques gestes simples. Suivez le guide !

Facile

5 euros

30 minutes

Le matériel
dont vous avez besoin :

- des joints adaptés
- une pince multiprise

Ou

- une clé à pipe

Éventuellement

- du dégrippant

Avant de commencer, vous devez fermer le robinet d'arrêt le plus proche. Vous ignorez où il se trouve ? Ne vous prenez pas la tête : fermez le robinet d'alimentation général.

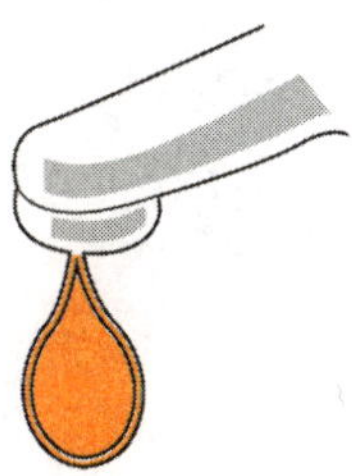

C'est à vous

1. Fermez la bonde du lavabo ou de l'évier pour être sûrs de ne perdre aucune pièce au démontage.
2. Ouvrez les robinets afin d'évacuer l'eau et purger ainsi les tuyaux.
3. Démontez les enjoliveurs d'eau froide (bleu) et d'eau chaude (rouge).
4. Munissez-vous de la clé à pipe ou de la pince multiprise, et dévissez la grosse vis ainsi mise au jour, qui retient la poignée de commande. Attention, elle peut se dissimuler sous un petit bouchon avec le logo du fabricant ! Si elle vous résiste, n'hésitez pas à utiliser du dégrippant.
5. Enlevez la poignée.
6. Enlevez la tête sous laquelle se trouve le joint, retirez le joint usé.
7. Tant que vous y êtes, débarrassez l'intérieur du robinet des dépôts de calcaire avec du vinaigre blanc (ou un anticalcaire).
8. Positionnez le joint neuf.
9. Revissez et remettez en place les enjoliveurs.

Danger !

Les fuites représentent 15 à 20 % de l'eau consommée en moyenne par les ménages. Ainsi, un robinet qui fuit goutte à goutte représente 4 à 5 litres par heure, soit 35 à 44 m^3 par an. Pire : un mince filet d'eau, c'est 16 litres d'eau perdus par heure, soit 140 m^3 par an. Ça vaut le coup de prendre quelques minutes pour bricoler et éviter… la fuite en avant !

Le truc de Best Of ARTISANS

Si la fuite de votre robinet vous empêche de dormir mais que vous ne vous sentiez pas le courage de la réparer ce soir, patientez donc jusqu'à demain, mais finissez-en avec ce bruit insupportable ! Attachez un long bout de ficelle ou un fil de laine au bout du robinet et laissez-le pendre jusqu'au fond de l'évier ou du lavabo. L'eau s'écoulera sans bruit. Vous pourrez dormir tranquille, avant de vous mettre au travail dès potron-minet !

Réparer une fuite par le socle ou la poignée du robinet

Une fuite qui ne se manifeste que lorsque vous ouvrez le robinet, c'est quand même une fuite ! Et en plus, ça éclabousse. Laissant échapper moins d'eau qu'une fuite au goutte-à-goutte, ce « pssshhhit » à l'ouverture témoigne tout de même de l'état défectueux de l'un des éléments.

Moyen

10 euros

20-40 minutes

Le matériel dont vous avez besoin :

- 2 clés à molette
- ou 2 clés plates à fourche
- crochet fabriqué à l'aide d'un fil de fer
- un peu de filasse de chanvre (non, non, vous n'avez pas fumé !)
- du mastic
- ou du ruban de Téflon

1re technique : remplacer la filasse

La plupart du temps, il vous suffira de resserrer l'écrou situé le plus haut sur la poignée. C'est ce qu'on appelle l'écrou du presse-étoupe. Mais parfois, cela ne suffit pas… Les robinets anciens sont fournis avec de la filasse (un assemblage de filaments tirés de l'écorce du chanvre ou du lin, employé en plomberie pour assurer une bonne étanchéité). Si votre robinet est récent, le presse-étoupe est constitué d'un joint. Reportez-vous alors à la deuxième technique.

C'est à vous

1 Fermez le robinet d'arrêt le plus proche du robinet sur lequel vous intervenez, ou carrément le robinet de fermeture général.

2 Ouvrez les robinets afin d'évacuer l'eau et purger ainsi les tuyaux. Vous pouvez aussi procéder à la vidange du circuit en ouvrant le robinet de purge si votre point d'intervention se situe en bas de l'installation.

3 Dans un premier temps, essayez de stopper la fuite en resserrant l'écrou, avec une clé à molette ou une clé plate.

4 Remettez l'eau courante (si vous avez procédé à la vidange totale du circuit, veillez à bien refermer le robinet de purge).

5 Si vous constatez que votre robinet fuit toujours, recommencez les étapes précédentes.

6 Dévissez complètement l'écrou du presse-étoupe de manière à pouvoir soulever le presse-étoupe le long de la tige, tout en maintenant le corps du robinet avec la deuxième clé (vous suivez toujours ?)

7 Tentez de retirer l'étoupe, c'est-à-dire la filasse existante, assurant l'étanchéité du système, à l'aide du fil de fer. Veillez bien à retirer la totalité de la filasse.

8 Nettoyez soigneusement la cavité de filetage.

9 Enroulez quelques fils de filasse, que vous aurez préalablement enduits de mastic ou, mieux encore, enroulez un morceau de Téflon en cordon, autour de ce dispositif.

10 Replacez le presse-étoupe et vissez-le à la main. Terminez de le visser avec une clé, en prenant soin de ne pas écraser la tresse de filasse neuve.

11 Remettez la poignée en place.

12 Remettez en route l'alimentation en eau.

2e technique : changer le joint du presse-étoupe

Les robinets récents sont fournis avec des joints, la plupart du temps des joints toriques, c'est-à-dire cylindriques et non pas plats. Lorsque le joint vieillit, il peut occasionner une fuite.

C'est à vous

1. Fermez le robinet d'arrêt le plus proche du robinet sur lequel vous intervenez, ou carrément le robinet de fermeture général.
2. Ouvrez les robinets afin d'évacuer l'eau et purger ainsi les tuyaux. Vous pouvez aussi procéder à la vidange du circuit en ouvrant le robinet de purge si votre point d'intervention se situe en bas de l'installation.
3. Démontez le presse-étoupe.
4. Chassez la goupille (ou anneau d'arrêt).
5. Démontez le croisillon (la poignée) pour extraire le joint défectueux.
6. Mettez en place le nouveau joint.
7. Remontez le presse-étoupe.
8. Remettez en route l'alimentation en eau.

Le truc de Best Of ARTISANS

Les robinets et écrous de robinetterie sont souvent chromés. Ça brille, c'est très joli, mais c'est aussi très fragile. Les visser ou les dévisser avec une clé peut les rayer facilement. Et du coup, ils sont beaucoup moins jolis… Afin d'éviter ce désagrément, vous allez devoir sacrifier un martyr. Vous pouvez par exemple vous servir d'un gros élastique en caoutchouc : enroulez-le autour de la pièce à manipuler de façon à ce qu'il recouvre complètement le futur espace de contact.

Pour les écrous, cette protection se combine très bien avec l'usage d'une pince multiprise qui s'adaptera sans problème à ce surplus d'épaisseur. En outre, le caoutchouc lui donnera une meilleure adhérence. Vous avez tout à y gagner !

Récupérer un petit bijou tombé dans le lavabo

En suivant le dernier régime en vogue à Hollywood, votre femme a perdu 5 kilos, mais également sa bague de fiançailles dans le lavabo ! Pas de panique, voici la marche à suivre pour la récupérer, avant de la faire resserrer !

Facile

10 euros

30 minutes

Le matériel
dont vous avez besoin :

* de la ficelle
* un trombone
* ou un cintre

ou

* une clé à molette
* une bassine
* une pince
* un rouleau de Téflon
* un chiffon

1re technique, dite de la « pêche aux canards »

Comme lorsque vous emmenez Loulou à la fête foraine, vous pouvez récupérer le bijou au fond du lavabo grâce à une canne à pêche improvisée. Toutefois, il y a peu de risque que vous repartiez avec un poisson rouge ! Ou alors, un nettoyage sévère de vos canalisations s'impose…

C'est à vous

Prenez soit :

- ★ une ficelle au bout de laquelle vous aurez attaché un trombone de bureau recourbé à une extrémité (l'hameçon),
- ★ un cintre en fer déplié et recourbé à une extrémité,
- ★ un vrai fil de fer d'environ 30 à 40 cm de long dont une extrémité sera recourbée.

Vous n'avez plus qu'à tester votre dextérité !

2e technique : démonter le siphon

Si la bague s'en est allée dans les profondeurs de votre lavabo, vous n'aurez d'autre choix que de démonter le siphon, ce dispositif situé sous l'évier, entre la bonde et les canalisations. À quoi sert-il ? À conserver en permanence un peu d'eau, afin de stopper les remontées d'odeurs de la conduite d'évacuation. En forme de S (coudé) ou en bouteille (plein), on peut distinguer deux catégories : les récents et les anciens.

C'est à vous

Si votre siphon est récent, il comporte une vis de purge, ce qui facilite l'intervention :

1. Placez la bassine sous le siphon, pour récupérer l'eau.
2. Dévissez le siphon.
3. Retirez les déchets (cheveux accumulés, résidus de savon, etc.) qui obstruent le siphon, et récupérez votre bijou.
4. Nettoyez le siphon, en le mettant par exemple sous la douche.
5. Revissez le siphon.

Danger !

N'oubliez pas de remettre le joint d'étanchéité, car il sera sans doute tombé dans la bassine au moment où vous dévisserez le siphon. Pour plus de sécurité, et éviter une fuite lorsque vous revissez le siphon, vous pouvez aussi entourer le filetage du siphon avec un ruban de Téflon (3 à 4 tours).

Si votre siphon est un modèle ancien, vous devrez le démonter en totalité :

1. À l'aide d'une clé à molette, dévissez les écrous et bagues de liaison qui tiennent le siphon.
2. Terminez de dévisser le siphon à la main.
3. Comme précédemment, retirez les déchets et récupérez votre bijou.
4. Nettoyez le siphon
5. Revissez les écrous à la main, puis terminez avec une pince pour bien serrer.

Danger !

Si votre siphon est constitué de plomb, prenez garde à le maintenir en place quand vous utilisez la clé à molette. Il y a un risque qu'il se déforme.

Le truc de Best Of ARTISANS

Afin de ne pas abîmer la surface des écrous, vous pouvez les protéger, pendant la durée de l'intervention, avec de l'adhésif.

Déboucher un évier, un lavabo ou une baignoire

On vous avait pourtant prévenus : avant de laver ce plat à couscous, il aurait mieux valu enlever le moindre grain de semoule ! Ou c'est peut-être à force de vous laver les cheveux que vous avez fini par boucher votre baignoire… Quoi qu'il en soit, munissez-vous de ces quelques outils et débouchez-moi tout ça !

Niveau

00 euros

00 minutes

Le matériel dont vous avez besoin :

- du déboucheur chimique et des gants

Ou

- une ventouse et un chiffon
- une clé à molette et une bassine
- un furet

1re technique : le déboucheur chimique

C'est la technique la plus couramment envisagée. Les déboucheurs chimiques, que vous trouverez au rayon produits ménagers de votre supermarché ou dans un magasin de bricolage, existent sous trois formes : liquide, solide ou en gel.

C'est à vous

1. Il vous suffit de verser dans votre évier, lavabo ou baignoire, la juste quantité de produit, qui correspond généralement à un demi-litre, sans retirer l'eau stagnante.
2. Laissez agir 30 minutes et rincez abondamment à l'eau froide. Pour les cas très difficiles (pois chiches remontant à la surface ou inextricable nœud de cheveux longs), vous devrez laisser agir le produit une nuit entière.

Si cette solution n'a pas suffi à déboucher votre évier, lavabo ou baignoire, vous pouvez essayer la ventouse.

2e technique : la ventouse

Avant de commencer l'opération de débouchage à la ventouse, assurez-vous que la totalité du produit chimique précédemment utilisé a été éliminée : en cas d'éclaboussures, lorsque vous manierez la ventouse, vous pourriez être brûlée.

Le truc de Best Of ARTISANS

Cette solution, si elle est facile et rapide, demande toutefois quelques précautions. Ce sont des produits très toxiques (évitez donc de respirer à proximité du flacon) ; ils peuvent endommager les parties en plastique de vos canalisations. Lisez attentivement le mode d'emploi avant de vous lancer et n'oubliez pas de porter des gants, afin d'éviter les brûlures.

C'est à vous

1. Bouchez le trop-plein avec un chiffon mouillé, afin d'éviter que de l'air ne passe.
2. Remplissez d'eau le fond de l'évier (lavabo ou baignoire) de manière à couvrir le caoutchouc de la ventouse.
3. Positionnez la ventouse sur la bonde.
4. Appuyez très fort, puis, alternativement, soulevez et repoussez la ventouse pour créer un appel d'air.
5. Répétez ce mouvement jusqu'à ce que l'évier se vide complètement.

3e technique : le furet

Non, ne pensez pas que Kiki, votre animal de compagnie préféré, bien qu'un tantinet envahissant, soit à même de venir à bout de ce bouchon de cheveux rien qu'avec ses petites dents acérées. Le furet est un outil de plombier, composé d'une tige métallique et flexible, dont l'extrémité est munie de petites brosses ou d'un fil ressemblant étrangement à un tire-bouchon. C'est un peu le principe du goupillon pour nettoyer le biberon de Bibou, en un peu plus sophistiqué. Par un mouvement rotatif, il accroche les déchets et désintègre le bouchon. À utiliser si les deux précédentes techniques n'ont pas fonctionné : c'est que votre bouchon est plus profond que vous ne le pensiez, peut-être dans le siphon.

C'est à vous

1 Vérifiez au préalable que la tête du furet passe facilement par le coude du siphon. Cela pour éviter qu'elle ne reste coincée.

2 Manœuvrez le furet jusqu'à atteindre le bouchon. Vous vous en rendrez compte lorsque vous aurez du mal à tourner la tige ou que votre furet n'avancera plus du tout.

3 Sortez le furet de votre canalisation : normalement, il emmène avec lui le petit tas de déchets qui posait problème.

4 Faites couler l'eau à forte pression pour vérifier que tout a été éliminé. Si ce n'est pas le cas, renouvelez l'opération.

4e technique : démonter le siphon

Si, vraiment, aucune de ces techniques ne fonctionne, il va falloir démonter le siphon. Pour cela, reportez-vous à la fiche *Récupérer un petit bijou tombé dans le lavabo*.

Le truc de Best Of ARTISANS

Les produits chimiques à haute dose, ça ne vous dit rien ? Essayez ce truc « bio » : mettez à chauffer un litre de vinaigre blanc. Saupoudrez le trou de votre évier avec trois cuillères à soupe de bicarbonate de soude et versez le vinaigre dessus. Attention, ça risque de mousser ! Laissez agir quelques minutes et rincez. Une opération sans danger pour vos canalisations et que vous pourrez renouveler deux fois par mois en guise d'entretien.

Réparer une chasse d'eau qui fuit

Ça vous agace, hein, ce chuintement incessant provenant de votre chasse d'eau. Sachez également que ça vous coûte cher. Les causes de la fuite peuvent être multiples. Observez bien son origine avant de vous lancer.

Facile

Quelques euros

10 minutes

Le matériel
dont vous avez besoin :

- des gants
- un tournevis
- un joint de robinet d'arrivée d'eau

Ou

- une clé à molette et une bassine

Ou

- un furet

1re technique : replacer le flotteur

Le plus souvent, une chasse d'eau est constituée d'un réservoir, fixé à l'arrière de la cuvette des W.-C. Le niveau d'eau est alors contrôlé par un flotteur cylindrique, attaché à une tige qui ouvre et ferme le robinet. Lorsque l'eau monte dans le réservoir, le flotteur monte avec elle. La tige ferme alors le robinet. Si cette tige est mal réglée, l'eau continue à couler et s'évacue par le trop-plein. Il suffisait de le savoir !

C'est à vous

Si la tige de votre flotteur est en métal et n'est pas réglable :

1 Ajustez la position de la tige du flotteur de manière à ce que l'eau monte à 2 ou 3 cm au-dessous de l'ouverture du trop plein.

2 Pour cela, coudez légèrement la tige en la tordant (sans pour autant vous prendre pour un mage qui plie les cuillères... C'est que c'est fragile, ces choses-là !).

Si la tige de votre flotteur comporte une vis de réglage, venant appuyer sur un piston :

1 Dévissez l'écrou de blocage.

2 Serrez la vis pour que le niveau d'eau baisse dans le réservoir.

3 Ou desserrez la vis si vous souhaitez que le niveau d'eau monte.

2e technique : remplacer le joint

Après de longues minutes d'intense observation, vous en avez conclu que la fuite provenait du robinet d'arrivée d'eau ? Courez donc chez votre Bricomachin le plus proche et achetez un nouveau joint.

Le truc de Best Of ARTISANS

Pour être sûrs d'acheter le bon modèle de joint, démontez celui qui est à remplacer et apportez-le au magasin pour trouver plus facilement un joint neuf identique. Vous éviterez ainsi l'air agacé du vendeur lorsqu'il vous demandera quel modèle il vous faut et que vous lui répondrez : « *Euh... je ne sais pas !* »

C'est à vous

1 Fermez la vanne d'arrivée d'eau centrale.

2 Dévissez le raccord du robinet d'arrivée d'eau de la chasse.

3 Remplacez le joint par un joint neuf identique.

4 Rouvrez la vanne d'arrivée d'eau.

Le truc de Best Of ARTISANS

Si vous avez identifié la fuite comme provenant du joint d'étanchéité, c'est-à-dire entre la cuvette et le réservoir, vous pouvez gagner un peu de temps avant de le remplacer. Démontez-le et lavez-le à l'eau claire. Retournez-le et remettez-le en place. Vous offrez ainsi à votre joint une seconde jeunesse, avant qu'il ne soit détrôné et remplacé par un tout nouveau !

3e technique : réparer une fuite dans le mécanisme de vidange

Mauvais diagnostic ? La fuite est toujours là ? Il s'agit peut-être de la cloche. En tirant la chasse, vous ouvrez une vanne de sortie par où l'eau s'écoule. La cloche vient alors faire pression sur le joint, quand le niveau d'eau s'élève dans le réservoir, refermant ainsi l'orifice d'écoulement. Prêts à vous taper la cloche ?

C'est à vous

1. Démontez et retirer la cloche.
2. Nettoyez la saleté sur le joint.
3. Si vous constatez qu'il est en mauvais état, remplacez-le.
4. Remontez la cloche.

Autres cas possibles de fuite :

- Le flotteur reste en permanence au fond de la cuve. Il doit être percé. Démontez-le et remplacez-le.
- Le réservoir continue à se remplir d'eau alors qu'il est déjà plein et que le flotteur est hors de l'eau. L'eau s'échappe par le trop-plein. Vérifiez l'état du clapet d'arrivée d'eau et, au besoin, changez-le.

DANGER !

Une chasse d'eau qui fuit, c'est 25 à 40 litres par heure gaspillés… soit 220 à 360 m^3 par an. Faites le calcul… sur votre facture d'eau !

Remplacer un mécanisme de chasse d'eau

Rien n'y fait, les fuites se multiplient dans vos toilettes. Il ne vous reste plus qu'à changer le mécanisme de la chasse d'eau. Rangez-moi ce téléphone ! Vous allez voir, ce n'est pas très difficile : on trouve aujourd'hui dans le commerce des mécanismes universels vendus en kit. Oui, comme cette étagère dans votre bureau, que vous avez si brillamment montée toute seule…

Moyen

25 à 35 euros

45 minutes

Le matériel
dont vous avez besoin :

- ★ un kit chasse d'eau
- ★ une serpillière
- ★ une clé à molette
- ★ une pince multiprise
- ★ un tournevis
- ★ du dégrippant

Éventuellement

- ★ une scie à métaux

1re étape : préparer le terrain

Petite révision avant de commencer, histoire de savoir de quoi on parle : rappelons qu'une chasse d'eau se compose de deux parties :

- ★ un système de remplissage avec un flotteur stoppant automatiquement l'arrivée d'eau quand le réservoir est plein ;
- ★ un système de vidange, la fameuse cloche, qui libère de l'eau quand vous tirez la chasse.

C'est à vous

1. Fermez le robinet situé sur le côté des W.-C. et retirez le couvercle du réservoir.
2. Tirez la chasse d'eau pour vider le contenu du réservoir.
3. Dévissez l'écrou qui relie le robinet au mécanisme de remplissage.
4. Enlevez le réservoir en dévissant les vis de fixation. Si elles sont rouillées, utilisez du dégrippant. Ou, si elles sont vraiment très rouillées, sciez-les à la base avec une scie à métaux.
5. Posez le couvercle du réservoir sur une serpillière pour ne pas l'abîmer (et protéger votre carrelage).
6. Dévissez l'écrou de fixation sous le réservoir, tout en retenant le mécanisme à l'intérieur.
7. Retirez le système de remplissage situé de chaque côté du réservoir en dévissant les écrous.
8. Buvez un verre d'eau avant de vous attaquer à la suite !

2e étape : installer le nouveau système

Comme pour un meuble en kit, vérifiez que tous les éléments de votre mécanisme sont dans le paquet. Étalez-les et lisez attentivement le mode d'emploi.

C'est à vous

1. Installez le nouveau système de remplissage : il est équipé d'un tube fileté longeant la paroi du réservoir et fixé en haut et en bas de celui-ci par des écrous.
2. Insérez les joints d'étanchéité.
3. Installez le mécanisme de vidange : soit une tirette vissée au bouton de tirage, soit un câble de commande activé par un bouton-poussoir.
4. Serrez l'écrou de fixation avec une pince.
5. Insérez le joint d'étanchéité entre le réservoir et la cuvette.
6. Placez les vis de fixation (normalement fournies équipées d'écrous de serrage et de rondelles d'étanchéité).

7 Replacez le réservoir, en passant les vis dans les trous de la cuvette.

8 Vissez bien les écrous de fixation aux tiges qui dépassent de la cuvette, pour que le réservoir soit bien stable.

9 Rouvrez le robinet d'alimentation en eau.

10 Installez la tirette ou le bouton-poussoir sur le couvercle du réservoir et reliez-le au système de vidange.

11 Buvez un deuxième verre d'eau pour vous remettre de vos émotions !

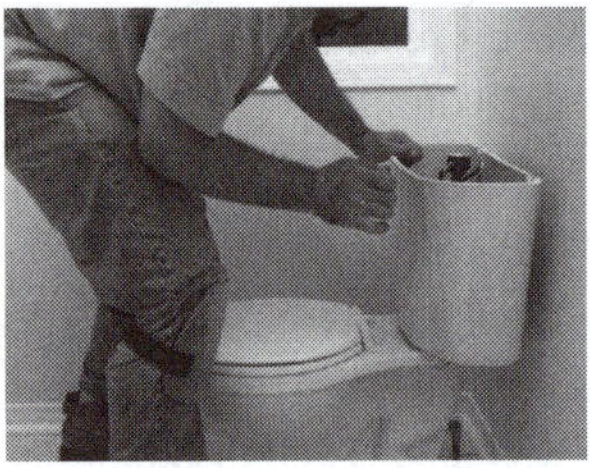

★ Remplacer une chasse d'eau n'est pas très compliqué. Vous trouverez dans le commerce des kits comprenant tous les éléments nécessaires.

Le truc de Best Of ARTISANS

Afin de réduire votre facture d'eau et, au passage, protéger la planète, investissez dans un mécanisme avec économiseur d'eau à bouton double commande. Sous ce nom un peu barbare se cache un dispositif qui vous permet de choisir le débit d'eau : un bouton libère entre 3 et 5 litres d'eau, et l'autre, tout le contenu de la chasse, soit entre 6 et 10 litres. Ce système peut représenter une économie non négligeable de 3 à 5 m^3 d'eau par an pour une famille de quatre personnes.

Le truc de Best Of ARTISANS

Autre astuce pour éviter de gaspiller de l'eau : placez dans le fond du réservoir une brique ou une bouteille remplie d'eau. Ce dispositif permet d'économiser à chaque tirage l'équivalent du volume de l'objet déposé.

Déboucher des toilettes

Un trop-plein de papier hygiénique, un surplus de tartre ou encore un objet qui n'a rien à faire là, et c'est la cata : vos toilettes sont bouchées. Avant de composer le numéro du plombier, qui vous facturera l'intervention deux fois plus cher que la sortie ciné-resto prévue pour samedi soir mais que vous pourrez du coup oublier pendant quelques mois, faites vous-même le diagnostic. Et, selon l'ampleur des dégâts, vous pouvez vous débrouiller toute seule.

Facile

10 euros

30 à 45 minutes

Le matériel
dont vous avez besoin :

★ une ventouse

Ou

★ un déboucheur à ventouse muni d'une pompe
★ ou un flexible spécial W.-C.
★ ou un furet

Avant tout : le diagnostic

Mettez-vous quelques secondes dans la peau d'un médecin urgentiste (oui, oui, on pense bien au même !) et observez bien les symptômes de vos toilettes pour poser votre diagnostic :

★ si l'eau ne s'écoule pas normalement, il s'agit sans doute d'un léger bouchon, facile à déloger ;

★ l'eau s'évacue, mais très lentement : aïe ! Préparez votre équipement de plombier ;

★ l'eau ne s'écoule plus, le niveau remonte et vos toilettes débordent… Tout en essayant l'une des techniques ci-dessous, préparez le numéro de téléphone de votre plombier !

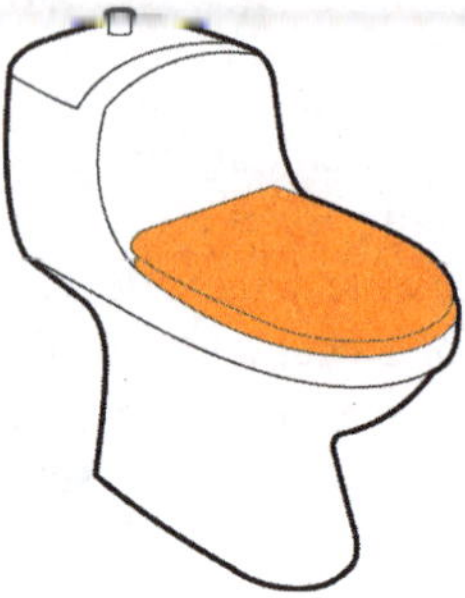

1re technique : la ventouse

Soulevez la plaque joliment appelée «regard extérieur» et regardez votre collecteur. S'il est obstrué, il vous faudra déboucher la canalisation, sans aller plus loin. Certaines ventouses sont spécialement conçues pour déboucher des W.-C. Elles sont équipées d'un manche plus long que leurs congénères dédiées au débouchage d'évier ou de lavabo, par exemple.

C'est à vous

1. Placez la ventouse sur l'orifice du fond de la cuvette de manière à ce qu'elle le couvre totalement.
2. Appuyez très fort, puis, alternativement, soulevez et repoussez la ventouse pour créer un appel d'air.
3. Répétez ce mouvement énergique de pompage jusqu'à élimination du bouchon. Attention à ne pas endommager la cuvette.
4. Une fois les toilettes débouchées, tirez la chasse d'eau.

DANGER !

Ne pensez surtout pas qu'en activant plusieurs fois de suite la chasse d'eau, vous allez réussir à chasser le bouchon ! Au mieux, vous bloquerez vos toilettes ; au pire, vous courez à l'inondation !

2e technique : le flexible spécial

Cet outil s'apparente à un furet, mais il est plus court que celui-ci. Le principe est simple : le flexible tourne et avance simultanément dans le siphon de la cuvette pour supprimer le bouchon.

C'est à vous

1. Enfilez le flexible jusqu'au fond des W.-C.
2. Tournez la manivelle jusqu'à ce que vous ne sentiez plus aucune résistance.
3. Une fois les toilettes débouchées, tirez la chasse d'eau.

3e technique : le furet

Si aucune des techniques précédentes n'a été véritablement concluante, c'est sûrement que le bouchon se trouve au-delà du siphon. Heureusement, votre ami le furet est là pour vous aider !

C'est à vous

1. Enfilez le furet dans l'orifice du fond des W.-C.
2. Enfoncez-le progressivement dans la canalisation.
3. Faites-le tourner sur lui-même quand vous rencontrez un obstacle.
4. Faites également tourner le furet sur lui-même pour lui faire franchir les virages.
5. Une fois les toilettes débouchées, tirez la chasse d'eau pour évacuer les dernières impuretés.

Le truc de Best Of ARTISANS

Loulou a fait tomber les cartons de rouleaux de P. Q. dans la cuvette, vous n'avez pas de ventouse sous la main (erreur !) et vous sortez dîner dans... 15 minutes ? Pas de panique, changez-vous et munissez-vous d'un balai à franges (ou espagnol). Enveloppez-le dans un sac plastique, bien fixé, pour qu'il n'aille pas rejoindre les cartons au fond de la cuvette. Enfoncez le tout dans le siphon et imaginez que vous avez une ventouse : pompez ! Débouchage garanti.

Si vous avez le cœur bien accroché, vous pouvez aussi récupérer l'objet du délit avec un cintre en métal, dont vous aurez recourbé l'extrémité pour former un crochet. Très efficace, mais pas très ragoûtant...

Colmater une fuite sur une canalisation

Après une enquête de longue haleine, vous avez fini par découvrir que le responsable de ces petites flaques d'eau à côté de la machine à laver n'est pas votre chat Touille, qui serait subitement devenu incontinent. Vous avez repéré une fuite sur une canalisation. Il vous faudra tôt ou tard faire appel à un plombier, mais vous pouvez colmater la fuite pour limiter les dégâts. Et éviter l'inondation.

Facile

5 à 10 euros

5 minutes

Le matériel
dont vous avez besoin :

- un chiffon sec
- du papier de verre ou de la toile émeri
- du ruban isolant autovulcanisant ou du mastic époxy

1er cas : il s'agit d'une petite fuite

Les fuites soudaines se produisent sur les conduites de distribution d'eau et se situent le plus souvent au niveau d'un raccord soudé. Elles sont plus rarement dues à une rupture du cuivre lui-même.

C'est à vous

1. Coupez l'arrivée d'eau en fermant le robinet d'arrêt.
2. Essuyez bien le métal à l'endroit de la fuite.
3. Entourez le tuyau avec du ruban isolant vulcanisant, en débordant largement de la zone de fuite, sur au moins trois épaisseurs. Il va se souder de lui-même.

2e cas : il s'agit d'une fuite importante

Si la première technique ne suffit pas à colmater la fuite avant l'arrivée du plombier, qui ne viendra sûrement pas immédiatement, car c'est un corps de métier perpétuellement débordé, vous allez pouvoir retomber en enfance et jouer à la pâte à modeler. Enfin, à la pâte à réparer, en l'occurrence !

C'est à vous

1. Coupez l'arrivée d'eau en fermant le robinet d'arrêt.
2. Essuyez bien le métal à l'endroit de la fuite.
3. Passez un coup de papier de verre ou de toile émeri pour dépolir le cuivre et en retirer l'oxydation.
4. Coupez une tranche de pâte et préparez un mélange bien homogène, en mélangeant deux parts égales de mastic époxy bi-composant ; malaxez le tout pendant 1 à 2 minutes. Quand la couleur est unie, c'est prêt !
5. Évitez de manger la pâte, vous n'êtes pas en train de faire du pain !
6. Appliquez le mélange sur l'endroit de la fuite, ou tout autour de la soudure, en appuyant fermement.
7. Laissez sécher. La pâte durcit au bout de 15 minutes environ.

Le truc de Best Of ARTISANS

Si vous n'avez pas de ruban autovulcanisant sous la main, vous pouvez aussi utiliser un morceau de tuyau d'arrosage ou de chambre à air ou encore un gros élastique en caoutchouc, que vous couperez de manière à ce qu'il recouvre largement l'endroit de la fuite sur la canalisation. Enroulez le morceau de caoutchouc autour de la partie percée et fixez-le avec des colliers à vis. Alors, évidemment, il faut avoir des colliers à vis chez soi…

DANGER !

Quel que soit le type de réparation provisoire que vous aurez choisi, attendez au moins 3 heures avant de tirer de l'eau sur cette canalisation.

Changer un joint sur une canalisation

Cette fois-ci, pas besoin de grande enquête pour deviner qui est à l'origine de cette très vilaine trace marron, synonyme de dépôt de tartre : le robinet sur votre canalisation, là, il n'aurait pas une petite fuite ? Un joint neuf, et il arrêtera tout de suite de tacher votre carrelage.

Facile

Quelques euros

5 minutes

Le matériel
dont vous avez besoin :

- ★ deux clés plates

ou deux clés à molette

- ★ un nouveau joint de même diamètre

Certaines canalisations en cuivre, anciennes, comportent des raccords mécaniques, sortes de robinets d'arrêt placés directement sur les tuyaux. S'ils se desserrent, c'est la fuite assurée ! Mais là, pas besoin de plombier.

C'est à vous

1. Coupez l'arrivée d'eau en fermant le robinet d'arrêt.
2. Vidangez en partie le liquide contenu dans les tuyaux en ouvrant le robinet situé le plus bas sur la canalisation.
3. Avec la clé plate ou à molette, maintenez bloqué l'un des deux raccords, pendant que vous dévissez l'autre avec une autre clé.
4. Desserrez quelques colliers de serrage afin de donner un peu de jeu aux tuyaux.
5. Retirez le joint défectueux en écartant un peu les tuyaux.
6. Positionnez le nouveau joint.
7. Remontez le raccord en serrant bien.
8. Laissez sécher. La pâte durcit au bout de 15 minutes environ.

Le truc de Best Of ARTISANS

Les fuites d'eau ne sont pas toujours faciles à déceler, malgré vos grands talents de détective… mais elles se voient sur le compteur ! Par prudence, de temps en temps, avant de vous coucher, fermez avec soin tous les robinets de la maison puis relevez sur un papier l'index de votre compteur. Le matin, avant d'ouvrir un robinet ou de faire fonctionner la chasse d'eau, vérifiez l'index. Si les chiffres ont bougé, c'est évident, il y a une fuite. Il faut donc en chercher l'origine en appelant à l'aide un plombier.

Danger !

La multiplication des raccords de plomberie reliant les tuyaux d'alimentation en cuivre dans votre installation accroît du même coup le nombre de points de fuites potentiels. Lors du montage d'une nouvelle installation ou la rénovation d'une ancienne, préférez la pose de tuyaux cintrés. Dites-vous que la plus grande partie des coudes que vous prévoyez d'installer ne sont pas forcément essentiels. Vous réduirez ainsi de façon significative les risques de fuite.

Remplacer un joint en silicone

Les fuites d'eau liées au manque d'étanchéité des équipements sanitaires (baignoire, douche, évier, lavabo) sont discrètes mais peuvent provoquer, à long terme, des dégâts considérables. En vous assurant de la bonne tenue de vos joints en silicone (eh non, ce matériau ne sert pas qu'à regonfler les lèvres des stars !), vous éviterez les infiltrations d'eau aux conséquences fâcheuses. Remplacer un joint en silicone est une opération un peu délicate, alors munissez-vous de vos plus beaux outils et d'une grande patience !

Difficile

15 à 20 euros

1 heure

Le matériel
dont vous avez besoin :

- ★ un chiffon
- ★ une éponge
- ★ du mastic silicone (en tube ou pistolet à cartouche)
- ★ du dissolvant pour joint
- ★ de l'alcool à brûler
- ★ du ruban adhésif de masquage
- ★ un cutter
- ★ un tournevis cruciforme
- ★ un tournevis à tête plate
- ★ une clé à molette
- ★ un pinceau fin
- ★ un couteau à lame fine et aiguisée

1re étape : préparer le terrain

Vous trouverez dans le commerce différentes sortes de mastic de silicone. Vous avez le choix entre une formule standard et une formule récente. Privilégiez cette dernière, car l'application de ce produit, moins collant, est plus aisée. En outre, cette formule dégage moins d'odeurs et se nettoie d'un coup d'éponge.

C'est à vous

1. Fermez la bonde pour éviter de perdre vos outils dans les canalisations !
2. Vérifiez si les jointures de votre baignoire ou de votre lavabo se trouvent à l'arrière des robinets.
3. Si c'est le cas, vous travaillerez plus facilement en démontant le bec du robinet. Dévissez son écrou de fixation avec une clé à molette. Ensuite soulevez-le en effectuant un mouvement de rotation.
4. Retirez le joint abîmé. Pour ce faire, coupez au cutter ses bordures, en faisant glisser la lame au ras du support. Si l'ancienne jointure ne se décolle pas, glissez-y la pointe d'un tournevis à tête plate et soulevez le tout pour tenter de le décoller.
5. Si le joint ne se décolle toujours pas, ou s'il reste des résidus après l'avoir retiré, badigeonnez-le de dissolvant pour joint avec un pinceau fin. Selon la quantité de produit à enlever, laissez agir entre 30 minutes et 2 heures.
6. Après le temps de pause, attrapez délicatement le joint et retirez-le doucement pour éviter qu'il ne se rompe. Si vous avez utilisé le dissolvant pour enlever des résidus, essuyez-le bien, nettoyez la surface, rincez et laissez sécher. Si vraiment votre joint est récalcitrant (ou très vieux, ce qui revient au même !), renouvelez l'opération.
7. Dégraissez la surface avec une éponge imbibée d'alcool et séchez le tout avec un chiffon.

2e étape : faire le nouveau joint

Avant d'appliquer votre nouveau joint, collez deux bandes de ruban adhésif de masquage le long de la future jointure, sur les sanitaires et les murs, afin de les protéger d'éventuels débordements, et de déterminer la surface d'application. Vous obtiendrez ainsi une pose homogène, indispensable à la bonne étanchéité du joint.

C'est à vous

1 Si vous avez opté pour un pistolet de silicone, coupez le bout de la cartouche avec un couteau bien aiguisé à l'endroit indiqué sur la notice. Puis coupez la canule de la cartouche en biseau (pas plus de 6 mm), en fonction de la largeur du joint. Vissez-la à la cartouche.

2 Si vous avez choisi du silicone en tube, réglez-le sur le plus petit débit.

3 Déposez soigneusement un filet de silicone à l'endroit de la jointure. Le joint doit être régulier. Et pour éviter qu'il ne durcisse trop vite, travaillez sur de petites surfaces.

4 Lissez le joint avec une cuillère spéciale.

5 Retirez l'excès de produit et décollez le ruban adhésif, en le tirant vers le haut mais en prenant garde à ce que la nouvelle jointure ne vienne pas avec !

6 Laissez sécher la jointure, puis nettoyez le carrelage avec le côté « gratounette » de l'éponge. Avant la remise en service du sanitaire, assurez-vous que le joint est parfaitement sec.

7 Remontez la robinetterie.

Les trucs de Best Of ARTISANS

Si vous réchauffez la cartouche de mastic en l'immergeant dans de l'eau tiède, le silicone sera beaucoup plus facile à appliquer à l'endroit voulu.

Pour étendre facilement le joint de silicone du bout des doigts avant qu'il ne sèche, enfilez un gant en caoutchouc et enduisez-le de produit vaisselle. Ça glissera tout seul !

Et pour lisser votre joint de façon « bio », coupez une pomme de terre en tranches en forme de coin et appliquez-les sur le silicone. C'est bien connu, l'amidon fait des merveilles et ne colle pas aux doigts !

DANGER !

Si votre robinet est équipé d'un mélangeur, il vous faudra en démonter les deux têtes. Pour cela, enlevez les pastilles de couleur bleue et rouge avec un tournevis plat. Derrière chaque pastille se trouve une vis de retenue : retirez-la avec un tournevis cruciforme.

Remplacer un tuyau de gaz

Un tuyau souple d'alimentation en gaz d'un appareil de cuisson doit être en parfait état, afin d'éviter toute fuite aux conséquences qui peuvent parfois être dramatiques. Comme vos yaourts, ce tuyau a une DLC, ou date limite de consommation ! En l'occurrence, il s'agit plutôt d'une date de péremption, au-delà de laquelle vous devez impérativement le remplacer.

Facile

10 euros

10 minutes

Le matériel
dont vous avez besoin :

* une clé à molette
ou une pince
* de la vaseline
* un nouveau tuyau de gaz

Pour votre sécurité, les tuyaux d'alimentation de votre installation de gaz sont normalisés (norme NF-gaz) et portent une date de remplacement. Toutefois, certains flexibles (utilisables aussi bien avec du gaz naturel, propane ou butane) sont vendus sans date limite, et entrent dans le cadre d'une norme spécifique. Ils doivent alors respecter certains critères, tels qu'une résistance à une température de 450 °C et une résistance à la flexion (et torsion conjuguées) de 10 000 cycles. Dans tous les cas, assurez-vous bien que le tuyau que vous voulez acheter comporte le label NF.

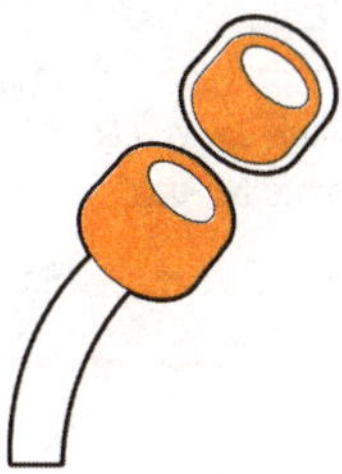

C'est à vous

1 Fermez le robinet d'arrivée de gaz.

2 Dévissez les colliers de serrage aux deux extrémités du tuyau.

3 Nettoyez les embouts et mouillez-les ou, mieux, lubrifiez-les avec de la vaseline, afin de faciliter le passage des colliers de serrage.

4 Glissez les colliers de serrage sur le nouveau tuyau (de même type et de même longueur que l'ancien) et mettez-le en place.

5 Vous devrez forcer un peu pour engager l'orifice du tuyau dans l'embout.

6 Serrez bien fort les colliers.

À noter : certains nouveaux modèles de tuyaux se vissent. Vérifiez bien que c'est le cas de celui que vous aurez choisi. La manipulation vous sera ainsi facilitée.

Le truc de Best Of ARTISANS

Si le caoutchouc colle sur l'embout du robinet et de la cuisinière, coupez-le avec un cutter pour le retirer plus facilement.

DANGER !

Évitez de lubrifier l'intérieur du tuyau avec du savon : son acidité fait vieillir le caoutchouc.

DANGER !

La longueur maximale de vos flexibles de gaz est fonction de leur date de validité (norme NF-gaz) :

5 ans = 1,50 m ★ 10 ans = 2,00 m ★ Sans date limite = 2,00 m

Remplacer un flexible de douche

Vous en avez assez de recevoir de l'eau dans les yeux quand vous vous lavez les cheveux ? Vous avez tenté de colmater la fuite sur votre flexible de douche avec un gros élastique, mais ça ne fonctionne pas, même le temps d'un shampooing ? Vous n'avez d'autre choix que de le remplacer. Ne vous inquiétez pas, c'est très facile.

Facile

15 à 20 euros selon le modèle choisi

5 minutes

Le matériel dont vous avez besoin :

- une clé à molette

ou une pince

- un nouveau flexible de douche

Les flexibles de douche sont des tuyaux souples, plutôt fragiles. Une fuite peut provenir du raccord avec la pomme de douche qui n'assure plus l'étanchéité, ou, tout simplement, de la gaine qui se casse ou encore du tuyau en plastique qui se coupe. Choisissez un nouveau flexible (vous en trouverez même en grandes surfaces) équipé des mêmes écrous de raccordement et des mêmes joints d'étanchéité. Pour être sûre de ne pas vous tromper, rendez-vous dans votre magasin avec le flexible sous le bras !

C'est à vous

- ★ À l'aide de la clé à molette ou de la pince, dévissez la pomme de douche et le raccordement au robinet de la douche.
- ★ Positionnez votre nouveau flexible, en ayant pris soin de nettoyer l'endroit du raccordement.
- ★ N'oubliez pas de replacer les joints fournis avec votre nouveau flexible, c'est eux qui vous assureront de ne plus être éclaboussée !
- ★ Vissez le tout et le tour est joué !

Le truc de Best Of ARTISANS

Afin d'éviter de marquer les écrous avec la clé ou la pince quand vous visserez votre flexible flambant neuf, intercalez un chiffon ou un bout de carton entre les mâchoires de l'outil et l'écrou.

Rénover l'émail d'un équipement sanitaire

Que ce soit pour raviver l'éclat d'une vieille baignoire ou pour rénover votre fidèle lavabo ébréché par une chute malheureuse de séchoir à cheveux, vous avez deux solutions : repeindre ou réparer.

Délicat

20 à 50 euros selon la solution choisie

1 heure pour la pose + 8 heures de séchage

Le matériel dont vous avez besoin :

Pour peindre :

- une brosse métallique
- un pinceau
- une sous-couche pour métaux non ferreux
- de la peinture

Pour réparer l'émail :

- un produit détergent
- un produit de retouche adapté au revêtement de la baignoire
- une brosse
- du vinaigre d'alcool
- une petite lame
- de l'essence de térébenthine
- une spatule
- du papier abrasif à l'eau, grain 400

1er cas : repeindre une baignoire ancienne

Vous avez craqué : vous venez de dénicher aux Puces une baignoire à pieds à l'ancienne, tellement tendance ! Seulement, avec pas mal d'heures de vol au compteur, elle a perdu de son éclat d'antan. Vous ne le saviez peut-être pas, mais il est possible de peindre une baignoire. À condition d'utiliser une sous-couche spéciale métaux non ferreux convenant à tous les supports : émail, céramique, fonte.

C'est à vous

1. Grattez grossièrement la surface à peindre avec une brosse métallique.
2. Dépoussiérez bien la surface.
3. Appliquez la sous-couche, en respectant les indications pour le temps de séchage.
4. Appliquez la peinture : vous pouvez la choisir acrylique ou glycéro, en finition mate, satinée ou brillante. Offrez-vous la baignoire de vos rêves !

2e cas : rénover l'émail

Un objet qui tombe d'une certaine hauteur sur l'émail, et c'est l'éclat assuré. C'est que c'est fragile, ces choses-là. Un éclat est non seulement inesthétique, mais, en plus, il permet à l'eau de pénétrer dans le matériau : si ce dernier est poreux, gare à l'engorgement ; s'il est métallique, il devient terrain de jeu privilégié pour la rouille. Il existe aujourd'hui des produits de retouche spécifiques, à mélanger ou non, selon l'importance de la réparation à effectuer.

Choisissez-le adapté au support à réparer : certains ne conviennent pas pour les endroits en contact permanent avec l'eau, d'autres sont dédiés aux équipements sanitaires en acrylique.

Pour les couleurs, les fabricants de produits de retouche se sont accordés aux nuanciers courants des constructeurs de sanitaires. Vous devriez pouvoir trouver votre bonheur !

C'est à vous

1. Nettoyez soigneusement la surface à réparer avec un produit détergent et une brosse.
2. S'il reste des traces de calcaire, frottez-les doucement avec du vinaigre d'alcool (voir la fiche *Détartrer une baignoire*).
3. Laissez sécher quelques heures (vous pouvez utiliser un séchoir à cheveux, oui, celui-là même qui est à l'origine des dégâts, pour accélérer le séchage).
4. Retirez les éclats d'émail décollé avec une lame fine.
5. Dégraissez la zone avec de l'essence de térébenthine.
6. Appliquez le produit sur l'éclat par couches, en respectant un temps de 10 minutes entre chaque couche, à l'aide du pinceau fourni.
7. L'éclat ne sera pas rempli dès la première application : renouvelez l'opération jusqu'à ce que le produit dans le trou soit un peu bombé.
8. Laissez sécher pendant au moins 8 heures.
9. Puis poncez avec du papier abrasif à l'eau, grain 400, afin d'obtenir un fini lisse.

Si la réparation est plus profonde, vous devrez acheter un produit spécifique et préparer une pâte mêlant une résine et un activateur. Appliquez ensuite la pâte dans le fond de la brèche avec le bâtonnet de mélange fourni. Après le temps de séchage, poncez les irrégularités avec du papier abrasif à l'eau, grain 200.

Le truc de Best Of ARTISANS

Si vous souhaitez rénover l'ensemble de la surface émaillée, vous trouverez dans le commerce des kits de rénovation pour baignoires, autour de 80 euros. Ces kits permettent de couvrir une surface de 4 m². Le principe est le même que pour les éclats d'émail, mais prend davantage de temps, la surface étant plus importante. Si vous vous lancez dans cette opération, assez fastidieuse tout de même, prévoyez de le faire avant de partir en week-end : le temps de séchage passe alors à 48 heures !

Si votre baignoire fait vraiment de la résistance, vous devrez faire appel à un professionnel : des entreprises se sont spécialisées dans le réémaillage. Le technicien projette sur la surface de la baignoire des couches successives de résine dans la couleur d'origine ou dans un autre coloris. Comptez tout de même entre 350 et 650 euros selon le modèle de baignoire. Mais cette technique permet d'allonger la durée de vie de vos sanitaires de 8 à 10 ans... À vous de faire le calcul !

Le truc de Best Of ARTISANS

Une à deux fois par an, vous pouvez effectuer un polissage de la surface de la baignoire avec une crème à polir (de type polish pour carrosserie auto).

Nettoyer et détartrer une baignoire

Que vous ayez collé au fond de votre baignoire un tapis antidérapant qui laisse de vilaines traces, ou que l'eau de votre ville soit très calcaire, décorant votre émail de traînées jaunes… vous aurez tôt ou tard à détartrer une baignoire ou à en entretenir l'émail. Au choix : les produits décapants du commerce ou les remèdes de votre grand-mère !

Facile

10 euros

Entre 15 et 30 minutes, selon les cas

Le matériel dont vous avez besoin :

- une paire de gants
- un produit décapant du commerce (à base de chlorure de méthylène)
- un pinceau
- une spatule
- une éponge
- éventuellement des lunettes de protection

Ou

- du gros sel
- du vinaigre d'alcool
- une éponge avec un côté abrasif
- un tampon de coton ou un chiffon

Ou

- de l'eau de Javel
- du savon
- de la pierre ponce en poudre

1er cas : éliminer les traces d'antidérapant

Afin d'éviter les chutes, vous avez collé au fond de votre baignoire ce très joli tapis rose en plastique antidérapant. Oui mais voilà, sa durée de vie n'est pas éternelle, il commence à se décoller. En voulant le changer, vous avez remarqué de très vilaines traces. Pas faciles à enlever, de surcroît. Forcément : ce tapis était conçu pour bien coller ! Vous allez devoir utiliser un produit très corrosif : aérez bien votre salle de bains pendant que vous travaillez, et après. Et ne lésinez pas sur les protections, une brûlure est vite arrivée.

C'est à vous

1. Appliquez le produit décapant sur le fond de la baignoire, en couches épaisses, avec le pinceau.
2. Laissez agir quelques minutes.
3. Puis raclez doucement le produit avec la spatule.
4. Nettoyez avec une éponge.
5. Comme pour votre shampooing, rincez abondamment à l'eau claire.

2e cas : détartrer la baignoire

Les traces de calcaire dans une baignoire, y a pas à dire : ça fait cracra. Même si vous rincez ou nettoyez votre baignoire après chaque bain, les dépôts sont inévitables à la longue. Offrez donc un détartrage à votre baignoire, grâce à ces astuces piquées à votre grand-mère !

C'est à vous

Pour enlever les traces de calcaires :

1. Imbibez du coton ou un chiffon de vinaigre d'alcool chaud.
2. Frottez les endroits tachés de calcaire.
3. Rincez abondamment à l'eau claire.
4. Recommencez l'opération si nécessaire.

Pour un détartrage complet :

1. Versez du gros sel en couches épaisses sur les endroits tachés.
2. Faites bouillir un demi-litre de vinaigre d'alcool.
3. Arrosez le gros sel avec le vinaigre bouillant.
4. Frottez le tout avec une éponge.
5. Si tout le calcaire ne s'est pas dissous du premier coup, recommencez l'opération.

Pour enlever les traces jaunes dans une baignoire blanche :

1. Dans un premier temps, frottez les taches avec de l'eau de Javel.
2. Ensuite imbibez un chiffon d'eau savonneuse et de ponce en poudre.
3. Frottez jusqu'à ce que les taches disparaissent.

DANGER !

N'utilisez pas sur votre baignoire un produit destiné à nettoyer les toilettes, sous prétexte que vous n'avez que ça sous la main ! L'émail risquerait d'être abîmé à la longue.

Les trucs de Best Of ARTISANS

Pour détartrer votre baignoire, vous pouvez aussi utiliser de l'eau mélangée à du jus de citron.

Pour les dépôts plus importants de calcaire, coupez un citron en deux et passez l'une des moitiés sur l'ensemble de la surface à nettoyer. Laissez agir une ou deux heures et rincez.

Pour nettoyer une baignoire blanche en acrylique, vous pouvez utiliser du dentifrice contenant des agents blanchissants !

Purger un radiateur

L'automne est là, il commence à faire frisquet quand vous rentrez chez vous le soir. Il est temps de rallumer le chauffage ! Mais vos radiateurs chauffent peu ? Ils se mettent à siffler ? Avant de déménager pour cause de maison hantée, purgez donc vos radiateurs ! Une opération facile, à renouveler tous les ans avant de les rallumer.

Facile

Quelques euros

5 minutes

Le matériel
dont vous avez besoin :

- une clé à pan carrée
- un récipient

Avant de remettre en fonctionnement vos radiateurs, il peut être judicieux de les purger. Il s'agit en fait de retirer l'air qui s'est infiltré dans les tuyaux et qui en diminue le rendement. Pour savoir si vous devriez effectuer cette purge plus souvent, mettez les mains sur votre radiateur : s'il est chaud sur la partie basse et froid sur la partie haute, cela s'impose.

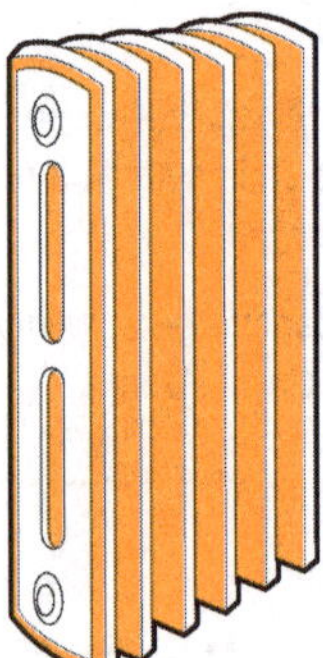

C'est à vous

1. Coupez l'alimentation électrique du circulateur et laissez reposer quelques minutes.
2. Placez un récipient sous le purgeur. Celui-ci se trouve généralement en haut du radiateur, du côté opposé au robinet.
3. Munissez-vous de la clé à pan et ouvrez la buse de purge dans le sens inverse des aiguilles d'une montre.
4. Lorsque vous entendez des sifflements, signifiant que l'air commence à sortir, préparez-vous à refermer le purgeur.
5. Dès que quelques gouttes d'eau s'échappent du purgeur, vous pouvez le refermer.

DANGER !

Si votre chaudière est équipée d'un accélérateur (également appelé circulateur ou pompe de circulation), vous devrez le couper avant l'opération, ce système assurant la circulation de l'eau de chauffage entre la chaudière et les pièces à chauffer.

Le truc de Best Of ARTISANS

N'oubliez pas que l'air monte ! Les radiateurs situés à l'étage d'une maison devront donc être purgés plus souvent que ceux situés au rez-de-chaussée.

Changer les gicleurs d'une cuisinière à gaz

Ça y est, vous avez sauté le pas. Vous venez d'emménager dans cette merveilleuse petite maison, à la campagne, au milieu des arbres et du chant des oiseaux, loin de la fureur de la ville, de ses embouteillages, ses bruits, sa pollution et… ses conduites de gaz naturel ! Là où vous êtes, pas d'autre choix que de passer au gaz en bouteille. Mais avant de faire mijoter votre premier bœuf à la provençale, vous allez devoir adapter votre cuisinière, en changeant les gicleurs. Une opération un peu délicate, mais pas si difficile si l'on sait exactement où l'on met les pieds. Ou les mains, en l'occurrence.

Délicat

Quelques euros

25 minutes

Le matériel
dont vous avez besoin :

- une clé à pan carré

ou un tournevis cruciforme

- un kit de gicleurs adaptés au type de gaz

Qu'elles soient alimentées par du gaz de ville, du propane ou du butane, les gazinières sont toutes plus ou moins conçues de la même manière : le gaz arrive aux brûleurs par un petit tube percé d'un trou nommé injecteur (plus communément appelé gicleur), qui se trouve à l'intérieur d'une buse. Ce qui varie selon le gaz utilisé, c'est le type de gicleurs et les réglages de la pression et de la quantité d'air. Normalement, lors de l'achat de votre gazinière, un kit de différentes sortes de gicleurs vous a été fourni. Sinon, vous pourrez en acheter dans une quincaillerie. Lisez attentivement le mode d'emploi du fabricant : à chaque gicleur correspond un numéro, car chacun d'entre eux est calibré en fonction de la puissance du foyer qu'il alimente en gaz.

Le truc de Best Of ARTISANS

Pour reconnaître un brûleur, sachez que sa puissance est généralement proportionnelle à sa surface : plus il est large, plus il sera puissant !

C'est à vous

1 Coupez le gaz.

2 Ôtez la grille ou plaque individuelle et le chapeau du brûleur. Le gicleur apparaît au fond de la cavité ainsi dévoilée.

3 Démontez le brûleur (en forme de cône à l'envers) en dévissant la vis soit avec le tournevis cruciforme, soit avec la clé à pan carré, selon les modèles, placée derrière la flasque du brûleur (généralement en tôle de couleur marron).

4 Afin d'accéder au gicleur, démontez également le déflecteur ou accroche-flamme, qui est une pièce en acier, ronde et pourvue de fentes, fixée à la ligne gicleur.

5 Dévissez le gicleur en maintenant la ligne gicleur et en prenant garde à ne pas la casser.

6 Remplacez-le par un gicleur de calibre adapté au type de gaz en vissant plus ou moins le gicleur dans la buse.

7 Repositionnez le déflecteur, le brûleur, le chapeau et la grille ou plaque individuelle. Prenez soin de bien remettre le chapeau en place (s'il ne l'est pas, vous le sentirez, il sera « bancal »), car un chapeau déplacé peut empêcher le bon fonctionnent du brûleur, provoquer l'extinction de la flamme ou même entraîner une fuite de gaz.

8 N'oubliez pas de changer également le gicleur du four. Attention, il est moins facile d'accès : démontez le panneau arrière et vous trouverez le ou les gicleurs au bout d'un petit tube métallique.

9 « Déclippez » l'agrafe métallique et écartez le tube.

10 Dévissez le gicleur de la même façon que précédemment et procédez à son remplacement. Prenez soin de bien repositionner le petit joint torique sur l'extrémité du tube avant de mettre le nouveau gicleur.

Selon les installations, vous devrez également changer le tuyau raccordant votre gazinière au circuit de gaz. Les diamètres des flexibles des différents types de gaz peuvent varier, selon la pression. Il faudra également mettre en place le détendeur, lié à la bouteille de gaz. Bien qu'indiquée sur le mode d'emploi des bouteilles que vous achèterez, cette manipulation peut être difficile. Ne faites pas les choses au hasard et ne prenez pas de risque inutile : faites appel à un professionnel.

DANGER !

Faites attention à la couleur des flammes qui se dégagent de votre cuisinière. La couleur jaune est due à une combustion incomplète. Outre de vilaines salissures sur vos casseroles, cette mauvaise combustion risque surtout de provoquer des fuites de monoxyde de carbone, inodore, mais très nocif. Généralement, les cornets d'alimentation des brûleurs comportent une bague qui permet de régler le mélange air / gaz. C'est quand elle est en position fermée qu'on obtient une flamme jaune, synonyme de mélange trop riche : pas d'air, seulement du gaz. Faites glisser la bague pas à pas jusqu'à l'obtention d'une flamme bleue, avec très peu de jaune, nerveuse (et dont le dard est bien visible). En outre, vous pouvez régler la taille de votre flamme (inutile qu'elle soit trop grande ou trop puissante) à l'aide de la petite vis située sous le bouton de réglage de la flamme.

Le truc de Best Of ARTISANS

Un entretien régulier des brûleurs de votre cuisinière leur évitera de s'encrasser et de donner à votre cuisine un aspect gluant… Au quotidien, rien de plus simple : nettoyez-les avec une éponge, de l'eau chaude et du liquide vaisselle. Pour un nettoyage en profondeur, environ tous les deux mois : démontez vos brûleurs et faites-les tremper pendant 12 à 24 heures dans du vinaigre de vin. Rincez et laissez sécher. Bien nets, leur aspect illuminera toute votre cuisine et vous éviterez de faire brûler de vieilles graisses. Beurk !

Le truc de Best Of ARTISANS

Les chapeaux des brûleurs de gazinières peuvent être en laiton, en aluminium, en tôle ou en fonte. Ceux qui sont émaillés se démontent et se nettoient facilement : ils peuvent très bien aller au lave-vaisselle, comme les grilles individuelles des brûleurs.

2

L'électricité

Vous avez peur d'intervenir sur l'installation électrique de votre habitation ? Vous avez tort et raison à la fois ! Tort, parce que, là encore, les petites opérations de la vie quotidienne peuvent être réalisées sans difficulté majeure par des bricoleurs en herbe ; et raison, parce qu'avec l'électricité on n'est jamais trop prudent. Un fil mal dénudé, un sol humide ou une prise mal installée peuvent avoir de terribles conséquences. Quitte à nous répéter, nous ne vous dirons jamais assez de toujours COUPER LE COURANT avant d'intervenir sur n'importe quel point de l'installation. L'idéal étant bien sûr de couper le courant au disjoncteur général, pour n'avoir aucun doute. Toutefois, si vous coupez le courant uniquement dans la zone où vous travaillez, assurez-vous de ne pas être seule chez vous. Dans tous les cas, pensez à disposer sur le compteur un petit écriteau indiquant de ne remettre le courant sous aucun prétexte, tant que vous avez les mains dans le cambouis. Enfin, dans les fils, en l'occurrence !

Il est nécessaire de vous rappeler, avant de commencer, qu'on ne fait pas ce qu'on veut en matière d'électricité dans les pièces humides, l'eau étant un excellent conducteur. Et notamment dans la salle de bains, pour laquelle une norme très précise (NF C 15-100), voire contraignante (mais c'est pour votre bien !), régit l'emplacement des installations électriques. Vérifiez bien que vous n'êtes pas hors la loi grâce à ce petit tableau et, en cas de doute, n'hésitez pas à faire appel à un professionnel afin de corriger les petites erreurs d'installation.

Volumes	Localisation	Appareils autorisés
Volume 0	Baignoire ou bac de douche.	Appareils protégés contre les effets de l'immersion.
Volume 1	Abords de la baignoire et hauteur de 2,25 m.	Appareils protégés contre les projections d'eau, chauffe-eau raccordé à la terre et/ou alimenté par une canalisation rigide d'eau froide.
Volume 2	Délimité par la surface verticale extérieure du volume 1 (+ surface parallèle à 0,60 m de la 1re) et le plan horizontal à 2,25 du sol.	Appareils de classe II (protégés contre l'eau en pluie) ou alimentés par un transformateur de séparation.
Volume 3	Délimité par la surface verticale extérieure du volume 2 (+ surface parallèle à 2,40 m de la 1re) et le plan horizontal à 2,25 du sol.	Appareils protégés par les chutes d'eau verticales, raccordés à la terre et avec un dispositif de protection différentielle.

Remplacer un variateur de lampadaire

Votre magnifique lampe halogène (dont vous avez récemment changé l'ampoule en suivant nos conseils !) ne daigne pas s'allumer ? C'est peut-être le variateur de lumière qui a un problème… Vous vous apprêtiez à descendre votre lampadaire dans le local poubelle ? Un peu facile, non ? Et pas très économique ! Pourtant, quelques minutes suffiront pour que vous puissiez à nouveau profiter de la douce lumière tamisée de votre halogène.

Le variateur de lumière, qui équipe généralement les lampadaires halogènes, sert aussi d'interrupteur. À la différence près qu'il ne provoque pas d'à-coups mais règle en douceur l'intensité de la lumière, ce qui peut d'ailleurs user l'ampoule. Finalement, la position maximale, quand on y voit comme en plein jour, est la plus « sécurisante » pour votre lampe…

Moyen

15 à 20 euros

15 minutes

Le matériel
dont vous avez besoin :

- un nouveau variateur de lumière adapté à la puissance du lampadaire (généralement entre 300 et 500 watt)
- un tournevis cruciforme
- une pince coupante

C'est à vous

1. Débranchez le lampadaire.
2. Retirez le bouton qui sert à régler l'intensité de lumière.
3. Dévissez les vis d'assemblage du boîtier pour démonter le variateur.
4. Dévissez les vis de bornes électriques et dégagez les fils qui se trouvent à l'intérieur.
5. Connectez le nouveau variateur en repérant bien l'emplacement des conducteurs, en fonction des indications qui se trouvent près des bornes de raccordement : N pour neutre, L pour phase, le symbole de la prise de terre…
6. Bloquez les fils dans le serre-câble.
7. Refermez le boîtier et resserrez ses vis.
8. Vous pouvez rebrancher votre lampadaire et reprendre votre lecture !

DANGER !

Assurez-vous de bien choisir un variateur prévu pour la puissance du lampadaire : ne prenez pas le risque de provoquer une surchauffe ou un court-circuit.

Le truc de Best Of ARTISANS

Avant d'incriminer injustement le variateur de votre lampadaire, il peut être judicieux de vérifier l'état de son fusible. Le variateur est pourvu d'une carte électronique sur laquelle repose un fusible. S'il est de couleur noire, c'est probablement qu'il a fondu. Pour vous en assurer, munissez-vous d'un simple testeur de courant et touchez avec les pointes de ce dernier les extrémités métalliques du fusible. Si le témoin de l'appareil ne s'allume, votre fusible est grillé ! Avec un petit tournevis, soulevez-le pour le démonter et ainsi connaître son ampérage afin de le remplacer par un modèle équivalent. Si votre fusible tout beau tout neuf se met à fondre aussitôt l'appareil en marche, vous devrez alors changer le variateur.

Dénuder des fils électriques

Vous vous demandez pourquoi diable vous devriez mettre à nu des fils électriques et leur ôter leur joli habit de plastique rouge, bleu ou vert ? Faites-nous confiance, vous en aurez besoin pour un tas de petites interventions, comme remplacer un interrupteur, changer un câble sur un appareil électrique ou encore réparer une prise de courant. Différentes techniques de « déshabillage » existent, à vous de choisir celle qui vous paraît la mieux adaptée à vos besoins.

Facile

Le prix de l'outil choisi, soit entre 3 et 8 €

Quelques secondes

Le matériel dont vous avez besoin :

- un fil électrique (vous vous en doutiez, non ?)
- un cutter

Ou

- une pince à dénuder
- une pince à dénuder automatique ou à cosse

1re technique : dénuder au cutter

Pour cette méthode, pas besoin de se munir d'un outil spécifique. Vous pouvez emprunter le cutter que Juliette utilise à l'école pour confectionner ces si jolies boîtes en carton qu'elle vous offre régulièrement pour la Fête des Mères… et dont vous ne savez plus que faire !

C'est à vous

Pour inciser le fil, deux possibilités :

1. Couper dans la longueur du fil : posez la lame du cutter sur la partie du fil qui marque la fin de la section à dénuder. Faites-la ensuite glisser vers l'arrière jusqu'à l'extrémité du fil. Écartez les parties de la gaine incisée afin de libérer les fils de cuivre, puis pliez la gaine vers le bas : ce pli vous permettra de repérer la base de la découpe. Enfin, sectionnez la gaine pour libérer totalement le fil.

2 Couper autour du fil : posez la lame du cutter verticalement sur la partie de la gaine à dénuder. Plaquez le fil sur un support et faites-le tourner sur lui-même. Tirez doucement sur la gaine et faites-la glisser pour la dégager.

2e technique : à la pince à dénuder

Souvenez-vous de vos cours de technologie lors de vos années de collège… vous avez sûrement déjà utilisé une pince à dénuder pour fabriquer un interrupteur ou un testeur de piles qui n'a jamais servi à personne (et désormais vous comprenez mieux le désarroi de Juliette devant votre manque d'enthousiasme face à la 4e boîte en carton qui va prendre la poussière !). C'est le moment de vous appliquer comme si vous étiez en contrôle !

C'est à vous

1 Ouvrez la pince et glissez-y le fil de la longueur dont vous souhaitez le dénuder.

2 Refermez la pince sur le fil et tournez la molette pour régler la hauteur de la prise de la pince en fonction du diamètre du fil.

3 Serrez fort les bras de la pince tout en tenant le fil.

4 Tournez le fil pour dégager la gaine et tirez-la jusqu'à la dénuder.

3e technique : à la pince à dénuder automatique

La pince à cosse ou pince à dénuder automatique est un outil un peu spécifique mais qui facilite vraiment cette opération. L'intérieur de la pince est pourvu d'encoches correspondant à différents diamètres de fils électriques. En un tournemain, votre fil sera à nu !

C'est à vous

1. Ouvrez la pince et réglez la mollette de longueur.
2. Glissez le fil dans l'encoche correspondant à son diamètre.
3. Refermez la pince sur le fil et tirez la gaine jusqu'à la dénuder.

DANGER !

Le conducteur du câble électrique, généralement en cuivre, est isolé par une gaine en plastique. Au moment de l'incision du fil, veillez bien à ce que celle-ci ne soit pas trop profonde, pour ne pas endommager les fils de cuivre. Cela pourrait provoquer par la suite un court-circuit.

Le truc de Best Of ARTISANS

Quelle que soit la méthode que vous aurez choisie, pensez toujours à torsader l'extrémité des fils dénudés pour faciliter par la suite la connexion à l'appareil concerné.

Changer une ampoule

Ça n'a l'air de rien comme ça, mais remplacer une ampoule est une intervention sur une installation électrique. Encore trop de personnes le font sans couper le courant, ce qui peut directement les mener à l'hôpital. Ne paniquez pas pour autant : avec quelques précautions, notamment pour les lampes halogènes, vous allez devenir la reine des ampoules, et ce en toute sécurité !

Facile

3 à 15 euros, selon le modèle de l'ampoule

5 minutes

Le matériel dont vous avez besoin :

* une nouvelle ampoule ou un tube de néon ou un starter
* un tournevis
* une paire de gants

1er cas : changer une ampoule halogène

Les anciens modèles de lampes halogènes comportent une protection sous forme de grille métallique. En revanche, une réglementation récente impose que ces lampes soient protégées par un verre transparent fixé sur le luminaire.

C'est à vous

1. Débranchez la lampe halogène.
2. Démontez, à l'aide du tournevis, la protection grillagée ou en verre.
3. Munie de gants ou d'un chiffon, retirez le tube halogène en le poussant d'un côté afin de dégager l'autre côté et le soulever.
4. Placez le nouveau tube de la même façon.
5. Repositionnez et revissez la protection.

DANGER !

Vous vous demandez peut-être pourquoi utiliser des gants ou un chiffon pour manipuler une ampoule halogène ? Tout simplement parce que le contact direct avec la peau des mains réduit, d'une part, sa durée de vie et, d'autre part, peut faire éclater l'ampoule. Et alors là, prévoyez le stock de pansements ! Toutefois, si le chiffon vous échappe et que vos doigts entrent en contact avec le tube halogène, vous pouvez ensuite le nettoyer soigneusement avec de l'alcool à brûler.

Le truc de Best Of ARTISANS

Ça ne vous dit rien de changer l'ampoule de votre lampe halogène trop souvent ? Voici une petite astuce pour augmenter sa durée de vie. Petit rappel : une ampoule halogène possède un filament composé de petites particules. Avec le temps, ces particules disparaissent et le filament se dégrade. Afin que les particules reviennent se fixer au filament, attirées par la chaleur, pensez à mettre le variateur de lumière au maximum, pendant environ 10 minutes, et ce à raison d'une fois par semaine. Car un halogène qui reste constamment en position réduite, même si cela permet d'économiser un peu d'énergie, se fatigue plus vite.

2e cas : changer un néon

Un néon, ou tube fluorescent, comporte du gaz qui fixe une poudre fluorescente sur sa paroi interne. Des décharges électriques, provoquées par un transformateur, font réagir cette poudre et la lumière est ! L'allumage est contrôlé par un élément distinct, le starter, qui peut être à l'origine d'une défaillance, et ce même si votre tube est neuf !

C'est à vous

Remplacer le tube :

1 Avec les deux mains, faites tourner le tube sur lui-même, dans un sens ou l'autre, peu importe, d'environ un quart de tour, jusqu'à ce que vous sentiez des crans vous permettant de retirer le tube.

2 La douille dans laquelle tournent les picots aux extrémités du tube est en position verticale : vous devez donc tirer vers le bas pour le sortir des encoches.

3 Mettez en place le nouveau tube, en insérant les picots de chaque côté dans les encoches prévues sur les douilles.

4 Tournez le tube dans le sens inverse de précédemment jusqu'à sentir les crans qui, cette fois, vont servir à maintenir le tube en place.

Remplacer le starter :

1 Petit cylindre métallique positionné dans une douille spéciale, au-dessus du tube, le starter peut être la cause du problème. Pour le démonter, saisissez-le et dévissez-le en le faisant tourner sur lui-même d'environ un quart de tour.

2 Mettez le nouveau starter dans la même position que l'ancien, et vissez-le en le faisant tourner sur lui-même d'un quart de tour.

Le truc de Best Of ARTISANS

Vous avez bien pensé à débrancher la prise murale de cette lampe à pied mais l'ampoule refuse obstinément de se laisser dévisser ? Allez donc faire un tour dans votre garde-robe et munissez-vous d'une ceinture en cuir assez large. Enroulez-la autour du culot de l'ampoule et dévissez tout doucement. La récalcitrante sera à coup sûr amadouée !

Changer une prise de courant

Cette vieille prise murale, là depuis votre emménagement, vous sort par les yeux, car elle ne s'accorde pas avec votre nouvelle déco ? Ou vous avez beau brancher n'importe quel appareil dessus et rien ne se passe ? Il est en effet peut-être temps de la remplacer.

Facile

2 à 5 euros

20 minutes

Le matériel dont vous avez besoin :

- une nouvelle prise
- un testeur de courant
- un tournevis

1re étape : démonter la prise en place

Comme pour toute intervention sur une installation électrique, vous devez couper le courant au disjoncteur et enlever le fusible qui correspond à cette prise. Vérifiez ensuite, avec le testeur, qu'aucun courant ne passe plus. Si vous n'avez pas investi dans un testeur de courant, vous pouvez aussi brancher une lampe dessus. Normalement, elle ne doit pas s'allumer !

C'est à vous

1. Dévissez, à l'aide du tournevis, les vis qui fixent la prise au mur.
2. Retirez l'ancienne prise en tirant tout doucement sur quelques centimètres.
3. Retirez le socle de son boîtier de protection. Les fils électriques de la prise sont à ce moment toujours branchés.

4 Observez attentivement la disposition du montage, en particulier la couleur des fils et leur nombre. Normalement, il y a trois branchements, le fil jaune et vert étant celui qui relie l'installation à la terre. Dans la prochaine étape, vous allez devoir reproduire ces branchements à l'identique. Si vous craignez de ne pas les mémoriser, n'hésitez pas à faire un petit croquis de l'installation en piquant, par exemple, ses crayons de couleur à Bibou.

5 Avec le tournevis, dégagez les fils de leur fixation en ôtant les vis.

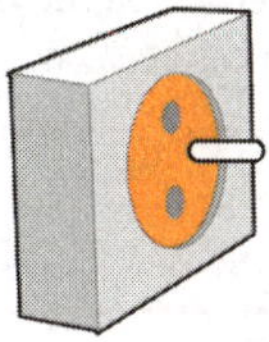

2e étape : mettre en place la nouvelle prise

Vous avez bien votre petit schéma en main (ou dans la tête) ? Il va falloir maintenant procéder aux opérations précédentes mais dans le sens inverse.

C'est à vous

1 Approchez la nouvelle prise des fils électriques sortant du mur.

2 Utilisez la partie dénudée de chacun des fils pour les glisser, à l'aide du tournevis, dans les espaces de fixation situés sous les vis, afin de rétablir les connexions.

3 Vous pouvez maintenant remettre la prise en place dans le mur. Prenez garde à insérer en premier les fils électriques dans le boîtier afin de ne pas les abîmer au moment de replacer la prise.

4 En replaçant la prise contre le mur, assurez-vous qu'elle est bien droite, puis serrez les vis de fixation.

5 Replacez le cache de la prise, en exerçant une légère pression jusqu'à entendre un « clac ».

DANGER !

Lorsque vous remettez en place les fils électriques dans la nouvelle prise, l'ordre du branchement n'est pas très important : les fils de phase et neutre peuvent être indifféremment raccordés sur l'une ou l'autre des bornes. En revanche, il est IMPÉRATIF de connecter le fil de terre (jaune et vert) à la bonne place. C'est ce câble qui vous évite un contact avec le courant électrique en cas de surtension ou si vous avez la très, très mauvaise idée de toucher un fil quand vos pieds reposent sur un sol mouillé ou métallique… et qui peut provoquer une électrocution. La prise à la terre permet donc de dériver ce courant directement dans la terre au lieu de le diriger vers vous. Car n'oubliez pas que le corps humain est un très bon conducteur…

Le truc de Best Of ARTISANS

Une fois ces opérations effectuées, vous pouvez remettre le courant. Avant de brancher un appareil sur votre prise toute neuve, assurez-vous que le courant y passe bien. Insérez les deux tiges de votre testeur de courant ou d'un multimètre dans les trous de la prise. Le voltage qui doit s'afficher si tout va bien est compris entre 220 et 230 volts.

Réparer un interrupteur

Le plafonnier qui trône au-dessus de la table du salon clignote dangereusement et vous avez vérifié que l'ampoule n'est pas grillée ? Cela vient peut-être de l'interrupteur. Sachez qu'avec quelques précautions vous pouvez le réparer vous-même. La première des précautions étant évidemment de COUPER LE COURANT avant toute intervention.

Moyen

Quelques euros

20 minutes

Le matériel dont vous avez besoin :

- un tournevis cruciforme
- une pince à dénuder

ou un cutter

C'est à vous

1. Dévissez, à l'aide du cruciforme, le corps de l'interrupteur fixé au mur. Certains modèles peuvent également être déclipsés.
2. Desserrez les 2 étriers bloquant les fils et dévissez les plots qui les maintiennent en contact.
3. Recoupez l'extrémité des fils et dénudez sur 1 cm maximum les 4 extrémités, à l'aide d'une pince à dénuder ou d'un cutter (voir la fiche *Dénuder un fil électrique*). Attention à ne pas couper les brins en cuivre.
4. Torsadez soigneusement les câbles avant de les réintroduire dans les plots.
5. Resserrez les 4 vis.
6. Remettez en place les 2 étriers et vissez-les en prenant garde à ne pas écraser la gaine des fils.
7. Remettez bien en place le capot de protection.

Le truc de Best Of ARTISANS

Si votre interrupteur est un modèle unipolaire, c'est-à-dire qu'il ne coupe qu'un seul fil, mieux vaut le remplacer par un modèle bipolaire, plus sûr. En effet, grâce à ses deux pôles de connexion, ce dernier permet de couper simultanément le courant électrique dans les deux sens.

DANGER !

Si les fils électriques ont des couleurs différentes, ce n'est pas seulement pour faire joli ! Chaque couleur correspond à une fonction. Des couleurs qui ont d'ailleurs changé récemment pour suivre la normalisation européenne. Toutefois, si votre installation est antérieure à 1970, vous aurez les anciennes couleurs. Petit tableau pratique pour ne pas vous emmêler les pinceaux :

Conducteur	Nouvelle couleur	Ancienne couleur
Phase	Marron ou rouge	Vert
Neutre	Bleu	Rouge
Terre	Jaune / Vert	Gris ou blanc
Navette de phase entre interrupteurs	Noir	Noir

Réparer un plafonnier

Le plafonnier de votre cuisine fait grise mine ? Vous êtes obligés de faire la popote à la lumière du néon qui trône au-dessus du plan de travail ? Un peu léger, non ? Et dangereux ! Un coup de couteau malheureux et hop, direction les urgences ! Alors avant d'en arriver là, vérifiez que l'ampoule n'est pas grillée en la remplaçant par une neuve. Toujours rien ? Il peut alors s'agir d'un relâchement du contact entre les fils et le plafonnier.

Moyen

Quelques euros

15 minutes

Le matériel
dont vous avez besoin :

- une pince universelle
- une pince à dénuder
- des dominos (ne piquez pas ceux de la boîte de jeux de Bibou, ils vous seront totalement inutiles !)
- un morceau de fil de fer
- un chiffon

Là encore, vous allez devoir intervenir en hauteur. Après avoir coupé le courant (on ne le répétera jamais assez…), installez votre escabeau sous le plafonnier, mais un peu décalé, histoire de ne pas vous faire un tour de reins. Bloquez-le de façon à ce qu'il ne glisse pas ni ne se referme subitement (un escabeau peut parfois être facétieux…). Et, bien sûr, gardez tout le matériel nécessaire à portée de main. C'est peut-être le moment de relancer la mode de la banane autour de la taille, très pratique dans ce genre de situation !

C'est à vous

1 Desserrez la vis de blocage de la calotte qui cache le point de contact entre le plafond et le câble électrique.

2 Retirez le plafonnier du crochet fixe par lequel il est relié au plafond.

3 Nettoyez soigneusement avec le chiffon les extrémités des conducteurs.

4 Si le plafonnier est très lourd, au point de casser les fils si vous le lâchez, munissez-vous du fil de fer et faites en sorte qu'il soit retenu grâce à ce support provisoire.

5 Tirez vers vous les fils conducteurs qui se trouvent dans le plafond.

6 Détachez les fils en retirant les dominos déjà en place.

7 Posez le plafonnier sur une table et nettoyez-le à fond.

8 Vérifiez l'état des fils électriques et de l'isolant. Si rien ne vous paraît anormal (câble noirci, isolant percé), vous pouvez le remonter en effectuant les mêmes opérations que précédemment, en sens inverse.

9 Remontez de nouvelles connexions en raccordant les fils électriques aux dominos neufs (voir encadré).

10 Repositionnez la calotte et poussez-la contre le plafond pour ne pas créer un espace trop large qui serait vraiment très… moche !

Le truc de Best Of ARTISANS

Un domino est un petit objet en plastique destiné à raccorder des fils électriques. Lorsque vous raccordez les fils au domino, vous devez vous assurer qu'ils soient dénudés sur au moins 5 mm. Ensuite, desserrez sans les enlever les petites vis du domino : ce sont elles qui tiendront les fils. Introduisez toute la partie dénudée du fil dans les bornes du domino et resserrez les vis, sans trop forcer. Même opération pour l'autre face du domino, en veillant bien à respecter les couleurs des fils électriques.

DANGER !

Lorsque vous tirez les fils conducteurs pour les sortir du plafond, prenez garde à ne pas les plier : ils sont en cuivre massif et vous pourriez les briser facilement.

Installer ou remplacer un spot encastré

Si votre habitation est de construction récente (ou ancienne et rénovée), il y a de fortes chances qu'elle soit pourvue d'un plafond suspendu en plâtre, monté sous la dalle de béton. Ça tombe bien : vous avez envie de moderniser votre intérieur en installant des spots, qui vous permettront de diffuser un éclairage harmonieux et d'assurer une excellente sécurité électrique (absence de câbles apparents oblige). Toutefois, si cette intervention reste accessible aux néophytes, elle n'en demeure pas moins difficile. Vous allez devoir manier des outils spécifiques avec une grande précision, tout en raccordant des câbles électriques. Vous vous sentez à la hauteur de l'opération sous plafond ? Alors suivez le guide !

Difficile

15 à 20 euros

Une bonne heure

Le matériel dont vous avez besoin :

- ★ un ou plusieurs spots avec leurs supports
- ★ un compas (avouez-le : vous n'avez plus utilisé de compas depuis la classe de 3e, hein ? Allez donc en piquer un dans la trousse de vos ados !)
- ★ une perceuse
- ★ une scie à main
- ★ un papier abrasif fin
- ★ des lunettes de protection
- ★ la charlotte de douche de votre grand-mère (mais si, mais si, c'est pour votre bien !)

Destinés à renforcer l'isolation dans une construction neuve, à abaisser un plafond trop haut ou à dissimuler un plafond abîmé, dans de l'ancien, les faux plafonds sont bien pratiques : on peut y installer un système de climatisation (rassurez-vous, nous ne vous indiquerons pas comment faire cela dans ces pages !) ou tout simplement un éclairage discret et efficace. Vous allez devoir travailler sur du plâtre, alors enfilez des lunettes de protection pour éviter d'éventuelles projections dans les yeux et protégez vos cheveux (d'où la charlotte). Et surtout : COUPEZ LE COURANT AU DISJONCTEUR.

C'est à vous

1 Une fois bien calé(e) sur votre escabeau, tracez au compas la découpe à effectuer : c'est le diamètre intérieur du spot que vous devez prendre en compte.

2 Découpez selon le trait ainsi tracé à l'aide de la scie. C'est à ce moment-là que le plâtre risque de s'effriter. Si vous choisissez d'installer plusieurs spots, faites des trous séparés de 90 centimètres.

3 Si la découpe n'est pas bien nette, vous pouvez faire les finitions à l'aide d'un morceau de papier de verre à grains fins.

4 Raccordez les fils d'alimentation, qui sortent du plafond, sur l'entrée du transformateur 220 V / 12 V, fourni avec le spot.

5 Raccordez ensuite les fils de la douille du luminaire sur la sortie du transformateur.

6 Introduisez le transformateur dans le trou du plafond jusqu'à ce qu'il bascule et prenne position au-dessus de la plaque de plâtre.

7 Introduisez ensuite le spot dans le trou. Généralement, les spots se fixent par simple clipsage.

8 Vissez l'ampoule (de préférence à réflecteur) ou branchez la lampe halogène dans la douille et fixez-la dans le spot.

9 Remettez le courant pour vérifier que votre magnifique installation fonctionne !

DANGER !

Lorsque vous introduisez le transformateur dans le trou au plafond, veillez à ce que l'espace au-dessus du plafond soit suffisamment grand pour évacuer l'air surchauffé : généralement, on conseille de laisser 3 centimètres entre le haut du transformateur et le haut du plafond.

Le truc de Best Of ARTISANS

Normalement, lors de la pose du faux plafond au moment de la construction du bâtiment, l'alimentation électrique a été prévue. Toutefois, il peut arriver que ce ne soit pas le cas. Si vous souhaitez encastrer des spots pour la première fois, vous allez devoir réaliser une canalisation sous baguette. Et ce n'est pas une mince affaire ! Réalisée en périphérie du plafond, cette canalisation va permettre de faire passer les fils par-dessus le plafond, via une « aiguille », en fil de fer ou nylon. Si vous voulez vous lancer, prévoyez qu'un aide soit dans les parages ! Car une fois les fils dénudés et solidement fixés à l'aiguille, vous devez enfiler cette dernière dans la canalisation, jusqu'à ce qu'elle en ressorte par l'autre côté. Et pour ce faire, il faut être deux : un qui tire sur l'aiguille d'un côté, et l'autre qui pousse de l'autre. Une belle partie de rigolade (ou d'engueulade ?) en perspective !

DANGER !

Pour varier les éclairages et les objets à mettre en valeur dans votre pièce, optez pour des spots orientables. Vous aurez l'impression de changer de point de vue sur votre déco en éclairant tour à tour le coin lecture avec ce fauteuil club dont vous êtes si fière ou la table basse lors d'un apéro entre amis… Et ce sans aucune intervention, si ce n'est le réglage de la position des spots. Mais gare aux brûlures ! À n'effectuer que lorsque vous êtes certains que le spot est totalement froid.

Remplacer un fusible

Trop sollicités par vos enfants ou débordée par les desiderata de Big Boss, il vous est déjà arrivé de péter les plombs ? Eh bien c'est exactement la même chose qui arrive à votre disjoncteur lorsque trop d'appareils sont branchés sur le même circuit, ou que vous raccordez un appareil de trop forte puissance, ou encore si le court-circuit a lieu à l'intérieur de l'un des appareils alimentés par le circuit. Résoudre ce petit désagrément peut être très facile, selon le type d'installation.

Facile

2 à 5 euros

Une seconde à 5 minutes

Le matériel dont vous avez besoin :

- un nouveau fil fusible ou une plaquette
- un tournevis
- une pince coupante

Ou

- une nouvelle cartouche fusible
- un tournevis testeur

ou, si votre installation est récente, l'index et le majeur de votre main !

1er cas : votre installation est très ancienne

Afin d'éviter tout risque de surchauffe, chaque circuit d'une installation se doit d'être équipé d'un système de protection. Ceux qu'on appelle communément les « plombs », bien qu'interdits dans les logements neufs depuis 1975 pour des raisons de sécurité, subsistent toutefois dans de vieilles installations : le support en porcelaine comporte deux broches qui sont reliées par un fil de plomb calibré. Quand l'intensité sur le circuit est trop importante, ce fil chauffe, finit par fondre et provoquer un court-circuit.

C'est à vous

1. Coupez le courant au disjoncteur général.
2. Dévissez, à l'aide du tournevis, les broches du porte-fusibles.
3. Coupez un bout de fil et enroulez-le autour d'une des deux vis porte-broches, puis autour de la deuxième vis, en faisant un « S ». Vous pouvez aussi remplacer carrément le fil en vous assurant que le nouveau soit de même section. Plus facile encore, optez pour une plaquette fusible, calibrée pour le même ampérage.
4. Revissez les broches, sans oublier les rondelles d'isolation.

2e cas : votre installation comporte un coupe-circuit à cartouche

Plus récent que le précédent, ce système se compose d'un porte-cartouche : chaque cartouche contient un fusible. Le problème ? Difficile d'identifier le circuit défectueux en cas de court-circuit. Pour ce faire, vous devrez donc vous munir d'un tournevis testeur pour vérifier l'état de chaque fusible.

C'est à vous

1. Assurez-vous que le fil de phase alimente l'entrée du porte-fusible, puis la sortie. Si le testeur ne s'allume pas à la sortie, vous saurez que c'est ce fusible qui a fondu et qu'il faut changer.
2. Coupez alors le disjoncteur.
3. Ouvrez le porte-fusible.
4. Retirez la cartouche endommagée.
5. Remplacez-la par une neuve de même calibre.

Le truc de Best Of ARTISANS

Il existe des cartouches à voyants ou indicateurs de fusion qui permettent d'identifier immédiatement le fusible qui a sauté : un témoin (capsule ou point rouge) se détache alors de la cartouche.

3e cas : votre installation comporte une protection différentielle

Nec plus ultra de la protection contre les courts-circuits, les disjoncteurs divisionnaires sont plus onéreux à l'achat mais se révèlent plus économiques à l'usage. Et surtout, ils sont plus pratiques et plus sûrs. Différentiels, ils permettent de gérer le courant électrique dans un secteur précis, sans risque pour le reste de l'installation. En cas de surcharge sur ce secteur, le levier du disjoncteur correspondant est en position basse. C'est donc un jeu d'enfant de voir d'où vient le problème. Une fois ce dernier réglé (débrancher un appareil défectueux ou de trop forte intensité électrique), il suffit de le réenclencher en levant le levier !

★ La protection différentielle est la plus sûre, et la plus facile à « réparer ».

Remplacer une douille

À baïonnette ou à vis? Telle est la question! Vous avez trouvé dans un magasin une belle ampoule décorée ou de couleur originale, mais problème : elle est à fixation à vis, alors que la suspension à laquelle vous la destinez est à baïonnette… Ne la reléguez pas pour autant dans le placard à « trucs » que vous ne savez pas où mettre! Vous pouvez changer le mode de fixation de votre éclairage. C'est la même opération que pour remplacer une douille défectueuse. Ce n'est pas très compliqué, à condition de choisir le modèle adapté à votre lampe!

Facile

Quelques euros

5 minutes

Le matériel
dont vous avez besoin :

★ une nouvelle douille du modèle de votre choix
★ une pince universelle
★ un tournevis
★ du ruban adhésif

Destinées à maintenir et alimenter une ampoule en courant électrique, les douilles se répartissent en trois catégories : les douilles pour ampoule à culot à vis, les douilles pour lampes à culot à vis de petit diamètre et les douilles pour ampoules à culot à baïonnette. Une douille est constituée de trois parties : le noyau (partie électrifiée comportant deux bornes de raccordement), le culot (au travers duquel passent les fils d'alimentation) et le corps (support de la lampe).

1re étape : enlever l'ancienne douille

Bien évidemment, assurez-vous de couper le courant dans la zone dans laquelle vous travaillez, ou au compteur général si vous ne repérez pas cette zone sur le disjoncteur. Si vous intervenez directement sur un lampadaire ou une suspension au plafond, prenez garde à monter sur un escabeau bien stable : ce n'est vraiment pas le moment de jouer à l'équilibriste débutante !

C'est à vous

1. Coupez le courant dans la zone où vous travaillez (on vous l'a déjà dit, non ? Mais deux précautions valent mieux qu'une !)
2. Dévissez le système de fixation : s'il est à vis, c'est tout simple ; s'il est à baïonnette, vous devez faire tourner les petits picots jusqu'aux encoches et tirer doucement.
3. Remontez vers le haut du capuchon de la douille qui recouvre les connecteurs.
4. D'une main, calez le capuchon et, de l'autre, dévissez à l'aide du tournevis les deux vis servant à maintenir les fils électriques (vous comprenez maintenant pourquoi il est si important d'être bien stable sur votre escabeau ?).
5. Séparez capuchon et support des connecteurs du câble électrique.

2e étape : installer la nouvelle douille

Avant de passer à l'étape suivante, assurez-vous que les extrémités dénudées des fils électriques soient bien torsadées. Sinon, refaites une tresse à l'aide de la pince, en exerçant une légère pression tout en tournant d'un quart de tour.

C'est à vous

1. Faites glisser le nouveau culot sur le câble électrique et scotchez-le au-dessus pour qu'il ne retombe pas. Il vous gênerait pour la suite des opérations.
2. Prenez en main le nouveau connecteur et insérez les pointes des fils torsadées dans les espaces dédiés. Selon le modèle de la douille, il vous suffira simplement de les clipser ou de les insérer sous des vis à resserrer pour assurer les connections.
3. Détachez le culot et laissez-le glisser jusqu'à ce qu'il recouvre le connecteur.
4. Vissez-y le système de fixation de la nouvelle douille.

Le truc de Best Of ARTISANS

Il existe également des douilles à connexion automatique : entièrement composées de plastique, elles s'assemblent par simple clipsage. Un vrai jeu d'enfant !

3

L'électoménager

Nous sommes entourés d'appareils électriques, du plus simple au plus sophistiqué. Les pannes sont assez courantes et ont le don de nous énerver royalement ! C'est vrai, que deviendrions-nous sans lave-linge, radio-réveil ou grille-pain ? Avant d'envisager, au moindre dysfonctionnement d'un appareil, d'en acheter un nouveau, regardez si vous pouvez le réparer : parfois c'est très simple, et on n'y pense même pas ! Pour d'autres types d'appareils, un bon entretien suffit souvent à éviter les problèmes.

Dans tous les cas, travaillez toujours sur un appareil débranché. Et ne tentez pas l'impossible si vous ne vous sentez pas très sûre de vous. Certaines réparations présentées dans ce chapitre peuvent être difficiles. N'hésitez pas à vous faire aider.

Soyez vigilants et restez à l'écoute, si l'on peut dire, de votre installation électrique : un trop grand nombre de prises multiples, sur lesquelles vous raccordez lecteur CD, ordinateur, imprimante, lampe de bureau, etc., peut être à l'origine de surchauffes.

Alors si un appareil électrique se met à faire des étincelles ou dégage une odeur de merguez grillée, débranchez la prise murale ou coupez immédiatement le courant au disjoncteur général. Inspectez le raccordement du fil et changez-le si vous remarquez le moindre défaut. Si rien ne vous paraît anormal, la panne doit être dans l'appareil : faites alors appel à un professionnel.

Si l'appareil prend carrément feu, ne le touchez surtout pas. Coupez immédiatement le courant, débranchez l'appareil et n'utilisez surtout pas d'eau pour éteindre les flammes. L'idéal est d'utiliser un extincteur à poudre sèche ; mais si vous n'en possédez pas (erreur, grosse erreur !), étouffez les flammes avec une couverture (évitez les matières synthétiques trop inflammables).

Remplacer le cordon d'alimentation d'un fer à repasser

Vous êtes fidèle à votre vieux fer à repasser : belle-maman vous l'a offert lorsque, jeune couple, vous vous êtes installés dans votre première habitation. La technique a pourtant évolué et malgré de nombreuses tentatives dont la proposition d'une centrale vapeur pour la fête des mères, vous avez résisté et lui êtes restés fidèles. Sauf que voilà : le fil de votre fer s'effiloche dangereusement. Consolez-vous : vous allez pouvoir le remplacer et ainsi faire durer encore longtemps cette belle histoire…

Moyen

Quelques euros

20 minutes

Le matériel
dont vous avez besoin :

- un nouveau cordon identique à l'ancien
- un tournevis (plat ou cruciforme, selon le modèle du fer)
- une pince à dénuder

Le cordon d'alimentation des fers à repasser est le plus souvent composé de fibres textiles, et ce afin d'éviter la fusion de l'isolant si ce dernier entre en contact avec la plaque du fer. S'il n'est pas protégé par une gaine en caoutchouc, et c'est souvent le cas pour les vieux fers, il devient sensible à la chaleur, aux frottements, et finit par s'effilocher, notamment à l'entrée du fer. Cela peut s'avérer dangereux car l'isolation n'est plus vraiment assurée. L'opération de remplacement du cordon n'est pas compliquée. Le point le plus délicat réside en fait dans le démontage du fer à repasser…

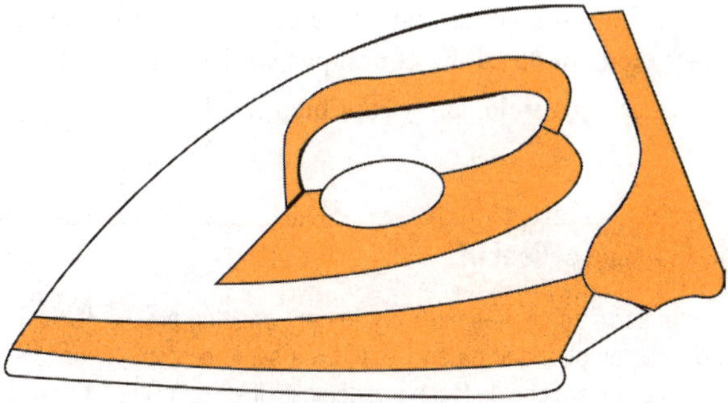

C'est à vous

1 Commencez par vous installer sur une table : vous pourrez ainsi déposer les pièces au fur et à mesure des opérations et bien les repérer pour, ensuite, les remonter dans le bon ordre. Et vous assurer de n'en perdre aucune !

2 Débranchez le fer à repasser.

3 Dévissez et démontez le couvercle du fer, situé à l'arrière, par lequel vous allez pouvoir accéder aux entrailles de la bête.

4 Desserrez les vis des étaux, ainsi que le serre-câble (voir encadré).

5 Tirez vers vous le câble en place.

6 Préparez les fils du nouveau câble en les dénudant, comme vous avez si bien appris à le faire (voir la fiche *Dénuder des fils électriques*).

7 À ce moment de l'intervention, vous pouvez renforcer l'extrémité du revêtement textile du nouveau câble, du côté de la fiche destinée à brancher le fer, à l'aide d'un morceau de ruban adhésif isolant (prévoyez de faire plusieurs tours pour que la protection soit vraiment efficace).

8 Introduisez les conducteurs du nouveau câble, bien dénudés, dans les bornes d'alimentation du fer. Prenez garde à bien connecter le fil de terre, de couleur jaune-vert, sur la borne indiquant son symbole (un trait vertical surmontant trois traits horizontaux).

9 Bloquez les conducteurs en resserrant les vis.

10 Montez le serre-câble de manière à ce qu'il exerce une pression sur le revêtement du câble, et non pas sur l'isolant des fils.

11 Refermez le couvercle, en vissant bien fort les vis.

Le truc de Best Of ARTISANS

Un serre-câble, késako ? Également appelée presse-câble, cette petite pièce en plastique ou en métal, fixée sur le cordon, permet d'éviter que celui-ci ne soit arraché de façon accidentelle. Il est donc important de bien le revisser lors du montage, afin d'immobiliser le nouveau câble.

Changer un fil électrique défectueux sur un appareil ménager

En suivant le même principe que pour le fer à repasser (voir la fiche *Remplacer le cordon d'alimentation d'un fer à repasser*), il est possible de réparer toutes sortes de petits appareils électriques (lampe de bureau, réveil, grille-pain, etc.) en changeant simplement le câble d'alimentation. Ce serait quand même dommage de vous débarrasser de cette charmante lampe de chevet juste parce que vous avez malencontreusement fait tomber sur le fil l'Encyclopédie en 23 volumes que vous lisez tous les soirs avant de vous endormir D'autant que vous avez toujours sa sœur jumelle. Bon d'accord, vous avez vraiment envie de les changer…

Moyen

Quelques euros

20 minutes

Le matériel
dont vous avez besoin :

- un nouveau câble identique à l'ancien

Normalement, l'usure mécanique ne concerne pas les câbles d'alimentation des petits appareils ménagers. En revanche, il peut arriver que des utilisations longues et répétées (et un vieillissement somme toute naturel) viennent à bout de leurs propriétés isolantes. Des manipulations un peu brusques (pliage, torsion) peuvent également avoir raison de leur bon fonctionnement. Pour être sûrs de choisir un nouveau câble équivalent, vous devez respecter les sections de ses conducteurs (exprimée en millimètres carrés, elle correspond à la puissance de l'appareil), son enveloppe (la matière la plus courante est le PVC) et sa fiche (les câbles avec fil de terre doivent être équipés d'une fiche comprenant deux pôles et un raccordement à la terre).

C'est à vous

1. Travaillez sur un appareil débranché.
2. Desserrez les vis pour ouvrir l'habillage de l'appareil.
3. Desserrez ensuite les vis du presse-câble et celles du bornier (qui retiennent les fils conducteurs). Regardez bien leur positionnement pour être sûre de pouvoir ensuite les remonter au bon endroit.
4. Dénudez l'extrémité des fils du nouveau cordon sur environ 5 mm (voir la fiche *Dénuder un fil électrique*) et faites une jolie tresse avec chacun d'entre eux.
5. Introduisez le nouveau câble dans le passe-fil.
6. Introduisez les extrémités des fils conducteurs dans le bornier.
7. Resserrez les vis du bornier et celles du presse-câble.
8. Refermez et revissez l'habillage de l'appareil.

Les trucs de Best Of ARTISANS

Le passe-fil est une petite pièce en plastique ou caoutchouc dans laquelle on enfile le nouveau câble avant son montage : il évite à celui-ci les frottements sur les bords du trou, qui pourraient, à la longue, le faire casser.

Au moment de torsader les fils conducteurs, vous pouvez utiliser une technique de pro (qui sous-entend de posséder un petit fer à souder et de l'étain). Recouvrez-les d'un peu de soudure à l'étain que vous ferez chauffer avec le fer : cela évite au cuivre de s'oxyder, et les fils ne risquent plus de se séparer.

Détartrer une centrale vapeur

Finalement, vous avez craqué et vous êtes séparés de votre bon vieux fer ? Vous avez, après moult hésitations, fait le choix d'acheter une centrale vapeur. Le vendeur vous a laissé la consigne d'en prendre bien soin, notamment en la détartrant régulièrement pour que le calcaire accumulé ne finisse pas par bloquer l'évacuation de la vapeur. Oui, mais comment ?

Facile

Quelques euros

00 minutes

Le matériel
dont vous avez besoin :

* un produit détartrant vendu dans le commerce

Ou

* du vinaigre blanc

Si votre appareil est prévu pour être utilisé avec de l'eau du robinet, il peut toutefois arriver que des dépôts de tartre se forment, surtout si votre eau est plus calcaire que la moyenne (> 30 °TH). Remplissez alors le réservoir à moitié avec de l'eau du robinet, et l'autre moitié avec de l'eau déminéralisée (généralement vendue en bidons de 5 litres). Attention : l'eau déminéralisée ne doit pas être utilisée seule, cela pourrait engendrer un vieillissement prématuré de votre appareil. Et c'est Maman qui ne serait pas contente !

C'est à vous

1. Remplissez le réservoir : soit avec le produit du commerce (respectez les dosages indiqués), soit avec le vinaigre (¼ de vinaigre pour ¾ d'eau).
2. Allumez la centrale et faites-la chauffer à la température maximale.
3. Faites sortir toute la vapeur, jusqu'à ce qu'elle s'évacue totalement.

4 Une fois toute la vapeur évacuée, remettez un peu d'eau dans le réservoir.

5 Prenez un chiffon ou un vieux mouchoir et repassez-le, afin de nettoyer les opercules de la semelle.

6 Si les dépôts de tartre sont très importants, vous pouvez renouveler l'opération.

7 Recommencez le détartrage, deux ou trois fois, mais sans produit ni vinaigre, juste avec de l'eau, pour bien rincer le fer.

Les trucs de Best Of ARTISANS

Votre fille a fait du zèle lors de sa dernière séance de repassage et la semelle de votre fer a quelque peu noirci ? (ainsi que le col de son chemisier tout récemment acheté). Pour nettoyer la semelle (pour le col, allez chez le teinturier !), munissez-vous d'une bougie. Branchez le fer sur la température maximale. Une fois qu'il est bien chaud, frottez la semelle avec la bougie et nettoyez immédiatement avec un chiffon (pour que la cire n'ait pas le temps de sécher). Répétez l'opération si nécessaire.

Il est conseillé de nettoyer régulièrement votre fer à repasser ou votre centrale vapeur, à raison d'une fois toutes les dix utilisations environ. Et ce afin d'éviter des rejets de tartre. Rien de plus simple : quand le fer est froid (et débranché !), versez de l'eau du robinet dans le réservoir (jusqu'aux trois quarts). Remuez le fer pour que toutes les parois soient rincées puis videz-le.

Danger !

Le vinaigre blanc est à réserver aux détartrages faits en « dépannage ». En effet, à la longue, il risque d'abîmer les joints en caoutchouc de votre fer à repasser. Préférez donc, pour les détartrages réguliers, les produits du commerce.

Détartrer une cafetière ou une machine à expresso

À chaque dîner organisé chez vous, vous faites sensation avec votre machine à expresso. Long, court, cappuccino, macchiato… Quoi d'autre ? Tous les goûts sont satisfaits ! Mais qu'il s'agisse d'une machine sophistiquée ou d'une cafetière classique, un entretien régulier s'impose. Ne serait-ce que pour servir un bon café à vos invités… et prolonger la durée de vie de l'appareil !

Facile

Quelques euros

25 à 45 minutes

Le matériel dont vous avez besoin :

- du vinaigre blanc

Ou

- un produit détartrant du commerce

Pour un bon entretien de votre cafetière ou expresso, il est recommandé d'effectuer ces opérations plusieurs fois par an.

1er cas : détartrer une cafetière classique

C'est à vous

1. Diluez un sachet de détartrant dans un demi-verre d'eau, ou remplissez deux tasses avec du vinaigre blanc.
2. Versez le produit choisi dans le réservoir à eau.
3. Placez un filtre à café (mais vide !) à l'endroit prévu, et mettez en marche la cafetière.

4 Stoppez la cafetière lorsque le récipient verseur est rempli d'environ une tasse.

5 Laissez votre cafetière tranquille pendant au moins 20 minutes et buvez autre chose que du café en attendant !

6 Remettez ensuite la cafetière en marche pour que toute l'eau additionnée du produit choisi s'écoule.

7 Renouvelez l'opération.

8 Afin de rincer totalement la machine, faites-la fonctionner à vide, avec seulement de l'eau claire.

9 Renouvelez l'opération pour dissoudre toutes les traces de tartre.

10 Enfin, n'oubliez pas de nettoyer tous les éléments de la cafetière pour qu'elle soit comme neuve !

2e cas : détartrer une machine à expresso

1 Remplissez le réservoir à eau avec ½ litre de vinaigre blanc.

2 Mettez la machine en marche en veillant à ce qu'un tiers seulement du vinaigre s'écoule.

3 Éteignez la machine et laissez le produit agir pendant 5 minutes.

4 Remettez la machine en marche et utilisez le deuxième tiers du vinaigre.

5 Mettez ensuite votre machine en position « vapeur » : le vinaigre va alors permettre d'éliminer les dépôts de tartre dans le tube vapeur.

6 Afin de rincer totalement la machine, faites-la fonctionner à vide, avec seulement de l'eau claire.

7 Renouvelez l'opération pour dissoudre toutes les traces de tartre.

8 Comme précédemment, ne faites pas l'impasse sur le nettoyage complet de tous les éléments démontables.

Le truc de Best Of ARTISANS

Vous n'avez aucune idée de la dureté de votre eau (même si les traces de calcaire sur votre vaisselle vous donnent quelques soupçons) ? Pourtant, cette information est importante, car elle vous permettra de déterminer la fréquence de détartrage de vos appareils ménagers :

– si elle est inférieure à 30 ° TH, deux ou trois détartrages annuels suffiront.

– si elle est supérieure ou égale à 30 ° TH, misez plutôt sur quatre à cinq détartrages par an.

Pour connaître cette information, renseignez-vous auprès du service des eaux : il peut être en régie (communal) ou en délégation (exploitant). Quoi qu'il en soit, le service des eaux a l'obligation de donner aux consommateurs le règlement et les informations nécessaires.

DANGER !

Le rinçage de la machine à l'eau claire, de préférence deux fois de suite, est nécessaire pour enlever toute trace du produit, notamment si vous avez choisi le vinaigre blanc, qui risque d'abîmer à la longue les joints de caoutchouc.

Changer le filtre d'un aspirateur et l'entretenir au quotidien

Ce n'est pas parce que le filtre de votre aspirateur semble totalement bouché que ce dernier est bon pour la poubelle. Vous pouvez nettoyer le filtre, et même le changer à condition toutefois de vous rendre chez un revendeur de pièces détachées de la bonne marque. Profitons-en également pour vous rappeler quelques règles simples d'entretien pour prolonger la durée de vie de votre appareil…

Facile

Environ 10 euros

10 minutes

Le matériel dont vous avez besoin :

- un nouveau filtre

Ou

- de l'eau claire
- une brosse à dents à poils durs

mais aussi

- des sacs neufs
- du savon
- un chiffon
- des ciseaux

1er cas : nettoyer ou changer le filtre

Opération très simple, le changement de filtre ne prend que quelques secondes. Et elle sera d'autant moins fréquente que vous réaliserez un nettoyage du filtre régulier.

C'est à vous

Le nettoyage :

1. Démontez le corps de votre aspirateur. En général, il suffit juste de déclipser et de tirer sur le couvercle (en plastique ou métal).
2. Enlevez le sac pour atteindre le filtre, qui se trouve entre le moteur et le « réservoir » à sac.
3. Le filtre est généralement simplement enclenché dans un support en plastique. Saisissez-le et tirez-le vers vous pour le retirer.
4. Enlevez le plus gros de la poussière avec les doigts, puis continuez avec la brosse à dents.
5. Une fois les grosses particules retirées, passez le filtre sous l'eau claire et tiède.
6. Laissez-le ensuite sécher. Vous pouvez accélérer cette opération avec un sèche-cheveux.
7. Ne remontez le filtre que lorsque vous êtes sûre qu'il est vraiment sec.
8. Remettez le sac en place.
9. Refermez le tout.

Le remplacement :

1. Procédez comme précédemment pour démonter le corps de votre aspirateur.
2. Enlevez le sac pour atteindre le filtre et retirez-le.
3. Avant de positionner le nouveau filtre, assurez-vous qu'il présente les mêmes caractéristiques que le précédent (dimensions, épaisseur, etc.)
4. Mettez le filtre en place et remontez l'aspirateur.

2e cas : rappel de quelques règles d'entretien

Les règles qui suivent sont certes élémentaires mais, avouez-le, il vous arrive de zapper la case entretien, hein ?

C'est à vous

1. Avant chaque utilisation de votre aspirateur, pensez à vérifier l'état de la brosse rotative. Retirez, à l'aide de ciseaux, tous les débris et poussières qui auraient pu s'enrouler autour de l'axe.
2. Vérifiez l'état du conduit d'aspiration, entre la brosse et le sac, en prenant garde à ce que rien ne puisse l'obstruer.
3. Ne négligez pas la sortie d'air, généralement située sur le conduit d'aspiration, qui permet de refroidir le moteur et d'éviter tout risque de surchauffe.
4. Vérifiez l'état du sac avant chaque utilisation : il peut être plein, votre aspirateur sera alors moins efficace car le moteur se fatiguera plus vite ; il peut également être percé, les poussières qui se disperseront hors du sac risquent, dans ce cas, d'endommager le moteur.
5. Changez les sacs aussi souvent que possible, et toujours avec le modèle adapté à votre appareil.
6. Pour nettoyer la carrosserie de l'aspirateur, utilisez uniquement un chiffon imbibé d'eau savonneuse.

Le truc de Best Of Artisans

Afin d'assainir et de désodoriser l'air que l'aspirateur rejette, vous pouvez introduire dans le sac une petite poignée de granules parfumées. Certains fabricants proposent également des filtres anti-allergiques au charbon actif, à remplacer tous les 15 sacs : leur utilisation évite l'encrassement du moteur et en assure le bon fonctionnement.

DANGER !

Si votre aspirateur n'est pas doté d'une fonction spécifique, n'aspirez jamais d'eau ! L'humidité endommagerait non seulement le sac mais surtout le moteur et la carte électronique (de plus en plus fréquentes sur les aspirateurs récents).

Entretenir et réparer un lave-vaisselle

Aujourd'hui, utiliser un lave-vaisselle peut être plus économique que de faire la vaisselle à la main sous l'eau courante. À condition, bien sûr, d'utiliser le mode « éco » : moins de 13 litres sont utilisés par cycle contre environ 18 litres à la main. En appliquant quelques règles d'entretien, vous pourrez encore optimiser son fonctionnement, et régler les désagréments que ce genre de machine vous cause parfois !

Facile à moyen, selon l'opération

Quelques euros

5 à 15 minutes selon l'opération

Le matériel dont vous avez besoin :

* un produit détartrant et dégraissant
* un tournevis
* de l'eau claire
* du savon
* un chiffon doux
* une brosse douce
* un furet
* une grosse aiguille

Un entretien rigoureux et régulier de votre lave-vaisselle vous assurera de son bon fonctionnement et de sa longévité. En outre, certaines petites pannes peuvent être réglées sans forcément faire appel à un réparateur.

1er cas : nettoyer la porte du lave-vaisselle

Ça ne vous paraît pas extraordinaire, mais pourtant vous devez prendre quelques précautions pour nettoyer la porte de votre machine.

C'est à vous

1. Prenez un chiffon doux.
2. Humectez-le d'eau chaude et passez-le doucement sur le rebord tout autour dc la porte.
3. N'utilisez aucun produit en aérosol : l'eau pourrait pénétrer dans le verrou de la porte ou dans les pièces électriques.
4. Évitez aussi, sur les surfaces extérieures, les tampons à récurer ou les produits abrasifs : éraflures, marques et usure précoce garanties !

2e cas : nettoyer ou changer les filtres

La plupart des lave-vaisselle récents sont équipés de plusieurs filtres : le gros filtre, le filtre principal et le filtre fin. Certains demandent un entretien particulier.

C'est à vous

Si des morceaux d'aliments ou de verre sont arrêtés par le gros filtre :

1. Sachez d'abord que le rôle de ce gros filtre est d'empêcher que le drain ne soit bouché par ces morceaux. Alors pas de panique !
2. Pour retirer ces morceaux, saisissez délicatement le filtre par les ailettcs ct soulevez-le.

Si votre eau est dure (> 30 °TH), vous devrez débarrasser les filtres des dépôts chimiques, à raison d'une fois par an :

1. Retirez le gros filtre en le saisissant par les ailettes et soulevez-le.
2. Dévissez le filtre fin et retirez-le.
3. Faites la même chose avec le filtre principal.
4. Lavez ces trois filtres à l'eau chaude savonneuse et rincez-les bien avant de les remettre en place.

3e cas : nettoyer les bras gicleurs

Les bras gicleurs sont ces éléments en rotation pendant le cycle du lave-vaisselle, par lesquels l'eau sort et se répartit de façon homogène sur toute la vaisselle à l'intérieur de la machine.

C'est à vous

Le bon fonctionnement des jets des bras gicleurs peut être entravé par des résidus de produits chimiques provenant d'une eau dure.

1 Afin de retirer les bras gicleurs, dévissez l'écrou qui les retient.
2 Retirez ensuite le joint situé sur les bras et profitez-en pour le nettoyer de toutes les impuretés qui auraient pu s'y loger.
3 Soulevez les bras gicleurs pour les retirer.
4 Lavez les bras à l'eau chaude additionnée de savon.
5 Vous pouvez utiliser une brosse douce pour nettoyer les jets.
6 Rincez abondamment.
7 Remettez en place tous les éléments.

4e cas : vérifier les trous d'arrivée d'eau

Si, malgré ce nettoyage, vous observez que votre machine ne lave plus bien (et après avoir vérifié qu'aucun objet ne bloque la rotation des bras gicleurs), l'origine du problème doit être une faible pression de l'eau sortant par les trous. Pourquoi cette baisse de pression ? Sûrement en raison d'une accumulation de résidus.

C'est à vous

1 Débranchez le lave-vaisselle.
2 Munissez-vous d'une grosse aiguille (ou d'un fil de fer).
3 Introduisez-la dans chacun des orifices servant à faire sortir l'eau afin de les déboucher. Un peu fastidieux, mais très efficace !

5e cas : vérifier les raccordements à l'eau

Pour fonctionner, un lave-vaisselle doit être pourvu d'un tuyau d'arrivée d'eau et d'un tuyau d'évacuation des eaux usées. La hauteur de ce dernier branchement doit impérativement être comprise entre 40 cm et 1 m.

C'est à vous

1. Une fois par an, vérifiez l'état de ces conduites : les fixations doivent être irréprochables afin d'éviter toute fuite au niveau des raccordements.
2. Une à deux fois par an, faites fonctionner à vide votre lave-vaisselle, en choisissant un programme intensif (au moins 65 °C), et en y ajoutant un produit détartrant et dégraissant. Cela permettra de détartrer la cuve, d'éviter les mauvaises odeurs et de dissoudre les résidus graisseux qui pourraient s'accumuler et créer un bouchon dans la conduite d'évacuation.
3. Si toutefois vous constatez que l'évacuation des eaux usées se fait mal, vous pouvez essayer de glisser un furet dans le conduit afin de détruire un éventuel bouchon.

Le truc de Best Of ARTISANS

La pompe d'évacuation du lave-vaisselle ne fonctionne pas si la porte n'est pas bien enclenchée. N'allumez pas votre machine si le « clic » de fermeture ne s'est pas fait entendre.

Le truc de Best Of ARTISANS

Si vous envisagez de vous absenter quelque temps de votre domicile, remplissez la cuve d'eau jusqu'au niveau du filtre. Laissez la porte du lave-vaisselle ouverte. À votre retour, et avant la première utilisation, faites un nettoyage à vide.

DANGER !

Ne mettez jamais votre lave-vaisselle en marche tant que les différents filtres ne sont pas correctement positionnés. Sinon, vous pourrez en racheter un neuf !

Changer le joint de cuve d'une machine à laver le linge

Si, comme votre chat Touille, vous avez déjà regardé votre linge tourner dans la machine à laver (à chargement frontal), vous aurez remarqué que le hublot est pourvu d'un joint qui évite l'inondation à chaque machine. Avec le temps, ce joint peut se détériorer et entraîner des fuites, dommageables aussi bien pour votre appareil que pour le sol de la pièce où il se trouve ! Là encore, vous pouvez prolonger sa durée de vie, et reportez l'investissement dans un nouveau lave-linge à plus tard, en remplaçant ce joint.

Vous avez dû vous en rendre compte, une machine à laver, c'est lourd. Comme vous allez devoir l'incliner, voire la déplacer, faites-vous aider pour éviter de devoir ensuite réparer votre dos (bien plus compliqué que de remplacer un composant...) !

Difficile

10 à 15 euros

30 minutes

Le matériel dont vous avez besoin :

- un nouveau joint adapté à votre machine
- un tournevis
- des couvertures
- du liquide vaisselle

C'est à vous

1 Débranchez la prise de courant et le tuyau d'arrivée d'eau, généralement situé sur le côté ou derrière la machine.

2 Prévoyez quelqu'un pour vous aider.

3 Si votre lave-linge se trouve près d'un mur, avancez-le pour pouvoir ensuite le faire basculer en arrière.

4 Avant de le poser, disposez sur le sol quelques couvertures pliées : en l'appuyant dessus, vous protégerez votre machine.

5 Ouvrez le hublot. Vous pouvez gagner de la place en le démontant : il suffit alors de dévisser les vis qui le maintiennent.

6 Retirez le cerceau métallique (serre-joint), maintenu par une vis ou un ressort selon les modèles. Ce cerceau entoure, dans une gorge, le joint en caoutchouc plaqué contre la paroi.

7 Libérez le joint de la paroi.

8 Faites la même chose pour la face arrière du joint plaquée contre la cuve.

9 Profitez-en pour faire un peu de hula hoop et travailler ainsi votre taille de guêpe !

10 Enduisez la gorge du nouveau joint avec du produit vaisselle afin de le lubrifier.

11 Placez le nouveau joint sur la cuve.

12 Remettez le cerceau serre-joint en place.

13 Effectuez exactement la même opération pour les deux faces du joint sur la paroi.

14 Si vous aviez démonté le hublot, vous pouvez le remettre, en vissant fermement les vis de maintien.

Les trucs de Best Of ARTISANS

Il peut arriver que les petits linges (strings, chaussettes de Bibou, etc.) finissent coincés entre le tambour de la machine et le joint côté hublot. Cela ne veut pas pour autant dire que le joint est défectueux, tant qu'il ne laisse pas passer d'eau. Pour éviter ces petits désagréments, placez les petites pièces dans un filet, avant de les disposer dans le tambour. Toutefois, restez attentifs au moindre signe de fuite.

Savez-vous que les cycles de lavage à 30 ou 40 °C consomment trois fois moins d'énergie qu'un cycle à 90 °C ? Utile pour économiser de l'énergie et aider à préserver la planète !

Entretenir un réfrigérateur

Votre frigo se met à vrombir pendant la nuit ? Il fait 10 degrés à l'intérieur ? Autant de petits désagréments qui n'iront qu'en empirant si vous ne vous en occupez pas. La rouille et la poussière peuvent être à l'origine de ces problèmes : un entretien régulier et minutieux peut donc les éviter.

Facile

Quelques euros

20 minutes

Le matériel dont vous avez besoin :

- un aspirateur
- un fil de fer plastifié
- une clé plate

Ou

- un nouveau joint de porte
- un tournevis cruciforme
- des vis

Ou

- du liquide vaisselle
- une éponge
- un chiffon

C'est à vous

Le nettoyage des parties extérieures :

1. Plongez une éponge dans de l'eau tiède mélangée à du liquide vaisselle. N'utilisez pas de produits abrasifs qui rayent la surface.
2. Commencez à nettoyer par le bas pour éviter les coulures.
3. Rincez abondamment à l'eau claire.
4. Essuyez avec un chiffon propre.

Le nettoyage des parties arrières :

1 Tirez votre réfrigérateur pour avoir accès aux parties situées à l'arrière. Vous ne les avez peut-être jamais vues, mais elles sont bien là !

2 Avec un aspirateur, nettoyez le serpentin : c'est l'élément qui assure l'échange de chaleur. Il n'en fonctionnera que mieux.

3 Un bruit métallique et fort peut être causé par une spire du serpentin qui se serait détachée. Pour y remédier, prenez un petit fil de fer plastifié et rattachez-la à son support.

4 Si vous observez que le moteur n'est pas bien fixé, resserrez les boulons avec une clé plate.

Changer le joint de porte :

1 Pour être sûrs d'acheter un nouveau joint de la bonne dimension, retirez l'ancien et, avec lui, rendez-vous dans un magasin de pièces détachées.

2 Pour le retirer, vous aurez peut-être besoin de le dégager des vis qui le maintiennent.

3 Positionnez le nouveau joint tout autour de la partie interne de la porte. N'hésitez pas à tirer un peu fort (mais pas trop), pour le faire bien adhérer.

4 Si besoin, remettez en place les vis de fixation et serrez-les fermement.

5 Vérifiez bien que le joint fasse le tour de toute la partie réfrigérée.

DANGER !

Gardez toujours un thermomètre à l'intérieur de votre réfrigérateur : il en va de votre sécurité alimentaire. La température idéale est comprise entre 0 et 4 °C. Elle ne doit impérativement pas dépasser ces 4 °C dans la partie la plus froide du frigo, qui est située soit au-dessus du bac à légumes, soit sous le compartiment congélateur. Et bien sûr, n'ouvrez pas à tout bout de champ la porte du frigo, c'est la meilleure façon de réchauffer tout ce qu'il y a à l'intérieur !

DANGER !

Ne tentez jamais d'ouvrir le compresseur ou le circuit de refroidissement. Un gaz circule à l'intérieur et il faut être hautement qualifié pour pouvoir le manipuler. Si vous pensez que le problème vient de là, faites appel à un frigoriste professionnel.

Le truc de Best Of ARTISANS

Si votre frigo ne dispose pas d'un système de dégivrage automatique, faites-le manuellement à intervalles réguliers. N'attendez pas que la couche de glace soit épaisse (supérieure à 3 mm), car vous vous exposez à une surconsommation électrique. Pour vous faciliter la tâche, déposez à l'intérieur du frigo une casserole d'eau bouillante, et utilisez une raclette en plastique.

Nettoyer les filtres d'une hotte aspirante

Depuis que vous avez fait installer votre nouvelle cuisine, équipée notamment d'une hotte, finies les odeurs de frites tenaces, les fumées qui piquent les yeux et cette sensation de travailler dans un bocal de saindoux ! Les hottes aspirantes, qu'elles recyclent l'air ou qu'elles l'extraient, sont une invention géniale pour la ménagère de moins de 50 ans ! Encore faut-il en prendre soin pour qu'elle assure pleinement son rôle de purification de l'air.

Facile

5 à 10 euros

15 minutes

Le matériel
dont vous avez besoin :

★ du produit vaisselle (ou un lave-vaisselle !)
ou du savon
★ un chiffon doux

Ou

★ un tournevis
★ un nouveau filtre adapté

L'air pollué émanant de votre cuisine est aspiré et transite via le filtre de la hotte. Celui-ci retient odeurs et graisses. Il est donc primordial de maintenir la bonne qualité des filtres pour assurer le bon fonctionnement et les performances du système. Car si le filtre est trop « chargé », non seulement il ne retiendra plus aucun résidu, mais en plus, il risque de vous les renvoyer !

C'est à vous

Le mode de nettoyage dépend du type de filtre :

1 Les filtres à charbon actif, sûrement les plus efficaces en termes de rétention d'odeurs, ne sont pas lavables. Un changement de couleur (rouge, en général) peut vous indiquer le moment de le faire. Généralement, ce renouvellement s'effectue tous les quatre à six mois. Il suffit alors de démonter la grille de la hotte en dévissant les vis qui la maintiennent, et de retirer le filtre qui se trouve dessus. Positionnez le nouveau filtre et remontez la grille. Facile, non ?

2 Les filtres en aluminium ont la très bonne idée de pouvoir être mis au lave-vaisselle ! Lavez-les en fonction de la fréquence d'utilisation de la hotte. Essuyez-les avec un chiffon doux.

3 Les filtres synthétiques peuvent être nettoyés à l'eau et au savon deux à trois fois avant de les remplacer. En effet, quand l'encrassement devient visible, inutile de tenter l'impossible : installez-en un neuf !

Le truc de Best Of ARTISANS

Pour nettoyer une hotte en acier inoxydable (inox), vous pouvez utiliser de la cire d'abeille, qui lui rendra toute sa brillance. Pour ôter les traces de graisse, préférez de l'essence pour lampe à pétrole.

Nettoyer les filtres d'une VMC

En arrivant dans votre nouveau logement, vous avez eu la (bonne) surprise de découvrir l'existence d'une ventilation mécanique contrôlée (VMC). Bonne surprise, en effet, car, le saviez-vous ? l'air de nos maisons est souvent bien plus pollué que l'air extérieur. Une VMC permet donc de respirer un air sain, à condition de bien l'entretenir !

Facile Quelques euros 15 minutes	**Le matériel dont vous avez besoin :** ★ du produit vaisselle ou du savon ★ un tournevis ★ un chiffon doux

À la longue, une VMC peut s'encrasser et devenir moins efficace. Pire : dans le cas d'une VMC double flux (qui récupère la chaleur de l'air pollué extrait de l'intérieur et l'utilise pour réchauffer l'air neuf filtré venant de l'extérieur), l'air soufflé dans votre intérieur peut se trouver contaminé par des particules retenues dans les filtres. En nettoyant régulièrement ses composants, et en surveillant leur état, vous éviterez ces problèmes.

C'est à vous

Les bouches d'extraction :

1 Situées dans les pièces de service (cuisine, salle de bain, W.-C.), les bouches d'extraction sont souvent obstruées par des poussières grasses. Tous les trois mois, démontez-les soigneusement en les dévissant.

2 Lavez-les à l'eau chaude savonneuse.

3 Rincez-les abondamment et essuyez-les avec un chiffon doux.

4 Remettez-les en place et fixez-les en serrant fermement les vis.

Les entrées d'air :

1 Permettant de faire entrer l'air neuf dans les pièces principales (chambres, salon, séjour), les entrées d'air peuvent être obstruées par des débris végétaux provenant de l'extérieur. Tous les trois mois, passez l'aspirateur sur ces grilles.

2 Comme elles sont généralement en plastique et facilement démontables (qu'elles soient maintenues par des vis ou clipsées), vous pouvez aussi les nettoyer de la même manière que les bouches d'extraction.

Le truc de Best Of ARTISANS

Une bonne ventilation se fera bien seulement si d'autres types de circulation d'air ne viennent pas la perturber. L'étanchéité de votre logement garantit une bonne ventilation, sans déperditions de chaleur. Toutefois, pour ne pas perturber les circulations, veillez à laisser un espace de 2 cm au moins sous les portes de communication.

DANGER !

Certaines opérations doivent impérativement être effectuées par un spécialiste. Tous les trois ans environ, faites appel à un professionnel pour un entretien complet de votre VMC : nettoyage, maintien des gaines et du caisson bloc-moteur situé dans les combles, vérification des entrées d'air neuf, mesures de tirage et de dépression. Prévoyez un budget d'environ 150 euros. Et sachez que l'entretien régulier d'une VMC gaz est obligatoire, une fois par an.

DANGER !

Si votre VMC est de type hygroréglable, prenez garde, lors du nettoyage, à ne pas mouiller les éléments fixes des entrées d'air : leur bon fonctionnement serait alors fortement entravé.

DANGER !

N'obstruez jamais les bouches d'aération : humidité et pollutions diverses pourraient envahir votre intérieur et être un terrain favorable aux moisissures. Cela pourrait non seulement détériorer le bâti, mais également provoquer des allergies. Une condensation excessive pourrait se produire et engendrer un dégâts des eaux (qui, soit dit en passant, ne sera pas pris en charge par votre assurance habitation Aïe, la facture risque d'être salée !). Pour les mêmes raisons, n'arrêtez jamais la VMC, même si vous vous absentez de votre logement : elle est conçue pour fonctionner en permanence. Vous pouvez en revanche en régler le débit d'air.

FL, 123 boulevard de Grenelle, 75015 Paris

ISBN : 978-2-298-05479-8

N° éditeur : 66885

Dépôt légal : mars 2012

Achevé d'imprimer en mars 2012 en Italie par Grafica Veneta